穿越百年中国梦

吕章申题

国家出版基金项目
NATIONAL PUBLICATION FOUNDATION

顾　问：吕章申
主　编：陈履生
副主编：白云涛

穿越百年中国梦

开眼看世界

写给孩子的“四史”学习教育读本

江　琳◎著

SPM
南方传媒
新世纪出版社
·广州·

图书在版编目（CIP）数据

开眼看世界 / 陈履生主编；江琳著 . — 广州 : 新世纪出版社，2017.12（2025.5 重印）

（穿越百年中国梦丛书）

ISBN 978-7-5583-0992-2

Ⅰ . ①开…　Ⅱ . ①陈… ②江…　Ⅲ . ①太平天国革命—少年读物　Ⅳ . ① K254.09

中国版本图书馆 CIP 数据核字（2017）第 296896 号

出 版 人：陈志强　　策　　划：宁　伟
责任编辑：宁　伟　　特约编辑：耿　谦
责任技编：王　维　　责任校对：陈　雪
排版设计：大有图文

开眼看世界　KAIYAN KAN SHIJIE
陈履生 / 主编　　江　琳 / 著

出版发行：SPM 南方传媒 | 新世纪出版社（广州市大沙头四马路 10 号）
经　　销：全国新华书店
印　　刷：三河市嵩川印刷有限公司
规　　格：880mm × 1230mm　1/32
印　　张：3.75
字　　数：55 千字
版　　次：2017 年 12 月第 1 版
印　　次：2025 年 5 月第 6 次印刷
定　　价：39.00 元

如发现印装质量问题，影响阅读，请联系调换：
北京广版新世纪文化传媒有限公司
销售热线：010-65545429
[书中图片由中国国家博物馆提供]

扫码体验

VR融媒“四史”云课堂
“四史”学习就在我身边

目 录

contents

“穿越百年中国梦”总序

2012年11月29日，党的十八大闭幕刚刚半个月，习近平总书记率新一届中央政治局常委，来到中国国家博物馆参观《复兴之路》基本陈列。

那天上午，习近平总书记一行轻车简从，9时许来到国家博物馆，进入《复兴之路》展厅参观。一件件实物，一幅幅照片，一张张图表，一段段视频，把大家带回到近代以来跌宕起伏、波澜壮阔的难忘岁月。在19世纪末列强割占领土、设立租借地、划分势力范围示意图前，在鸦片战争期间虎门抗英的大炮前，在反映辛亥革命的文物和照片前，在《共产党宣言》第一个中文全译本前，在中华人民共和国第一面五星红旗前，在党的十一届三中全会照片前，习近平总书记不时停下脚步，认真观看，详细询问相关历史背景和文物情况。

在参观过程中，习近平总书记发表了重要讲话。他说，《复兴之路》这个展览，回顾了中华民族的昨天，展示了中华民族的今天，宣示了中华民族的明天，给人以深刻教育和启

示。中华民族的昨天，可以说是“雄关漫道真如铁”。近代以后，中华民族遭受的苦难之重、付出的牺牲之大，在世界历史上都是罕见的。但是，中国人民从不屈服，不断奋起抗争，终于掌握了自己的命运，开始了建设自己国家的伟大进程，充分展示了以爱国主义为核心的伟大民族精神。中华民族的今天，正可谓“人间正道是沧桑”。改革开放以来，我们总结历史经验，不断艰辛探索，终于找到了实现中华民族伟大复兴的正确道路，取得了举世瞩目的成果。这条道路就是中国特色社会主义。中华民族的明天，可以说是“长风破浪会有时”。经过鸦片战争以来170多年的持续奋斗，中华民族伟大复兴展现出光明的前景。现在，我们比历史上任何时期都更接近中华民族伟大复兴的目标，比历史上任何时期都更有信心、有能力实现这个目标。讲到这里，总书记环顾大家，深情阐述“中国梦”。他说：“现在，大家都在讨论中国梦，我以为，实现中华民族伟大复兴，就是中华民族近代以来最伟大的梦想。这个梦想，

凝聚了几代中国人的夙愿，体现了中华民族和中国人民的整体利益，是每一个中华儿女的共同期盼。”“实现中华民族伟大复兴是一项光荣而艰巨的事业，需要一代又一代中国人共同为之努力。”总书记最后强调：“我坚信，到中国共产党成立100年时全面建成小康社会的目标一定能实现，到新中国成立100年时建成富强民主文明和谐的社会主义现代化国家的目标一定能实现，中华民族伟大复兴的梦想一定能实现。”

我有幸全程陪同习近平总书记参观，为总书记一行讲解展览，并现场聆听习近平总书记关于“中国梦”的重要讲话，感受颇深，终生难忘。习近平总书记提出实现中华民族伟大复兴的“中国梦”，是时代的最强音，凝聚了全球中华儿女的心，成为激励中华儿女团结奋进、实现中华民族伟大复兴的一面精神旗帜。

《复兴之路》基本陈列回顾了1840年鸦片战争以来100多年间，陷入半殖民地半封建社会深渊的中国各阶层人民，在屈辱和苦难中奋起抗争，为实现民族复兴进行的种种探索，特别是中国共产党领导各族人民争取民族独立、人民解放、国家富强、人民幸福的光辉历程。习近平总书记参观《复兴之路》并提出实现中华民族伟大复兴的中国梦命题后，中央国家机关、部队、企事业单位、社区街道、社会团体、学校等纷纷来到中国国家博物馆，沿着习近平总书记的足迹，参观《复兴之路》展览。《复兴之路》展览成为爱国主义教育的重要课堂。

2014年，习近平总书记在有关讲话和批示中指出："历史是最好的教科书"，"让文物说话、把历史智慧告诉人们，激发我们的民族自豪感和自信心，坚定全体人民振兴中华、实现中国梦的信心和决心"。中国国家博物馆和广东新世纪出版社有限公司落实习近平总书记的指示，以《复兴之路》基本陈列为基础，经过3年多艰苦工作，编写和出版了这套"穿越百年中国梦"丛书。组织和参与编写这套丛书的同志，大多数参加了《复兴之路》展览的内容设计和布展工作，有的还现场聆听了习近平总书记关于"中国梦"的重要讲话。他们对《复兴之路》基本陈列不但理解深刻，而且怀有深厚感情。

习近平总书记指出："中国梦归根到底是人民的梦"，"有梦想，有机会，有奋斗，一切美好的东西都能够创造出来"。习近平总书记希望广大青少年要勇敢肩负起时代赋予的重任，志存高远，脚踏实地，努力在实现中华民族伟大复兴的中国梦的生动实践中放飞青春梦想。

我相信，这套丛书的重印出版，对广大青少年牢记习近平总书记"不忘初心"的嘱托，更好地开展党史学习教育，增强实现中华民族伟大复兴中国梦的责任感，一定会起到促进作用。

吕章申

前　言

中国现代史学会会长　郭德宏

中华民族是一个有着自己梦想，特别是美好社会理想的民族。

两千多年前，我们的古圣先贤，就有“小康”和“大同”的社会理想。那时的“小康”理想，就是家家丰衣足食，人人遵守礼仪，互相谦让。那时的“大同”理想，就是天下人如同一家人，家家幸福，人人愉快，“路不拾遗，夜不闭户”。由于历代封建统治者都不代表广大人民群众的利益，古圣先贤“小康”和“大同”的社会理想都没有实现。

勤劳智慧的中国人民，创造了光辉灿烂的古代文明：强盛的汉代，繁荣的唐代，辽阔的元代，清初的盛世。那时，与世界上其他大多数国家和地区相比，中国富饶、强盛、文明、进步。用现代语言表述，那时的中国是“发达国家”，其他那些国家和地区则是“发展中国家”。然而，由于帝国主义入侵和封建主义统治腐败，中国落后了。从1840年鸦片战争中国战败到19世纪末，中国逐渐沦为半殖民地半封建社会，陷入将要亡国灭种的深渊。

从1840年鸦片战争开始，当时一些思想先进的中国人就在寻求救国救民之道。林则徐、魏源开眼看世界，地主阶级的洋务运动，资产阶级维新派的戊戌变法，都试图在不根本触动封建统治的前提下富国强兵，但是都失败了。1894年孙中山创立革命团体兴中会，首次提出“振兴中华”口号。1902 年康有为完成《大同书》的写作，期望中国实现古圣先贤所憧憬的大同世界。1902 年梁启超发表《新中国未来记》，1904 年蔡元培发表《新年梦》，都憧憬中华复兴，雄立世界。近代以来，每一个中国人都满怀着复兴中国、振兴中华的梦想。但在半殖民地半封建社会的旧中国，中国人民的这一梦想不但没有实现，反而遭受着越来越严重的民族苦难。

1921 年，伟大的中国共产党成立，超越古圣先贤“小康”和“大同”的社会理想，提出了夺取反帝反封建胜利、建立人民当家做主的政权、最终实现人类最美好最理想的共产主义社会的奋斗目标。中国共产党肩负起民族独立、人民解放的历史重任，领导中国人民，经过浴血奋战，于 1949 年建立了人民当家做主的中华人民共和国。新中国成立，是中华民族由衰落走向强盛的历史转折点，开启了中华民族伟大复兴的新纪元。

中华人民共和国成立后，毛泽东、周恩来等老一辈革命家，领导全国各族人民为实现国家富强、人民共同富裕的新的历史任务而奋斗。在党的领导下，中国确立了社会主义基本制度，成功实现中国历史上最伟大最深刻的社会变革，为中华民族的伟大复兴奠定了制度基础。与此同时，中国共产党领导全国人民进行大规模经济建设和文化建设，取得了旧中国几百年几千年所没有取得的成就，为实现中华民族伟大复兴奠定了基本的物质基础。

1978 年改革开放以来，以邓小平、江泽民、胡锦涛同志为主要代表的中国共产党人，全面推进社会主义现代化建设。神州大地，生机勃发。2010年，中国国内生产总值（GDP）达40万亿元，成为仅次于美国的世界第二大经济体，并一直保持至今。伴随着各方面的迅猛发展，中国迅速走向繁荣，国际地位不断提高，国际影响力日益扩大。中国步入世界强国之列，为实现中华民族伟大复兴创造了现实条件。

2012年11月29日，习近平总书记率新一届中央政治局常委参观中国国家博物馆《复兴之路》基本陈列。习近平总书记在这里向全世界宣示“中国梦”，重申“两个一百年奋斗目标”，既是中国共产党对全国人民的郑重承诺，是党和国家面向未来的政治宣言，也是中华民族伟大复兴的总动员。中国的伟大发展，又一次站在新的历史起点上；中华民族的伟大复兴，揭开了历史新篇章。

以习近平同志为核心的党中央，“不负重托，不辱使命”，在实现中华民族伟大复兴中国梦的推动下，国民经济继续稳步发展，中国的国际地位更加提高，国际影响力更加扩大。我们现在比历史上的任何时期都更加接近中华民族伟大复兴这个目标，我们现在比历史上任何时期都有信心、有能力实现这个目标。

中国梦连接着过去与现在、历史与未来，连接着国家与个人、中国与世界。拥有五千多年文明历史的中华民族，曾经创造了辉煌的古代文明，走在世界前列，为人类社会发展做出了巨大的贡献。今天，中华民族的伟大复兴，不仅造福中国人民，而且造福世界人民。已经步入世界发展中大国的中国，理应承担起大国责任，对人类社会的发展进步，做出更大的贡献。

“穿越百年中国梦”丛书回顾了1840年鸦片战争以来一百多年间，陷入半殖民地半封建社会深渊的中国各阶层人民，在屈辱和苦难中奋起抗争，为实现民族复兴进行的种种探索，特别是回顾了中国共产党领导全国各族人民争取民族独立、人民解放、国家富强、人民幸福的光辉历程。这套丛书深刻揭示了历史和人民为什么和怎样选择了马克思主义，选择了中国共产党，选择了社会主义道路，选择了改革开放；深刻揭示了历史和人民为什么必须始终坚持高举中国特色社会主义伟大旗帜不动摇，坚持中国特色社会主义道路不动摇；昭示出没有共产党就没有新中国，就没有中国特色社会主义，只有社会主义才能救中国，只有改革开放才能发展中国、发展社会主义、发展马克思主义。

我相信，这套丛书的重印出版，能够使广大青少年读者更加深入地了解中华民族近代以来反对外来侵略史、人民解放的抗争史，了解中国共产党领导全国各族人民为中华民族伟大复兴而奋斗的创业史和改革开放史，为实现国家富强、民族振兴、人民幸福的中华民族伟大复兴的中国梦，夺取新时代中国特色社会主义伟大胜利，提供令人振奋的精神动力。

郭德宏

鸦片战争的炮火，打破了清王朝“天朝上国”的迷梦，也使一批先进的中国人开始警醒。强烈的民族忧患意识驱使他们睁开眼睛，了解世界，继而启迪、引领国人冲破思想樊篱，认识世界，学习西方，变革图强。从

开眼看世界

民族英雄林则徐虎门销烟，到维新志士谭嗣同血染菜市口，近半个世纪时间里，大变局下的中国，先后涌现出一批又一批寻路人，虽然他们当中的有些人有过彷徨和倒退，但中国的历史会永远铭记他们的贡献。

I 第一章 睡狮初醒

1. 炮口下的震撼

鸦片战争的炮火，击碎了清朝统治者自以为是的“天朝上国”美梦。

这次，英国人不再打着为大清乾隆皇帝祝寿的旗号，不再扮作谋求正常通商的使节，而是恼羞成怒，撕掉伪装，仗着坚船利炮，用赤裸裸的武力，逼迫清廷认同罪恶的鸦片贸易。清政府做出了反抗，很多将士和人民无比英勇，但最终输掉了那场战争。道光帝低下头来，被迫承认堂堂天朝确实打不过“小小岛夷”。

中英《南京条约》签订了，地割了，款赔了，国门

被迫打开了。眼见英国得手，法国与美国赶紧趁火打劫，逼迫清政府分别与之签订中法《黄埔条约》和中美《望厦条约》。他们没费一枪一弹就享受到了英国获得的好处，还获得了在中国建教堂、建医院和自由传教的权利。此后，被迫开放的广州、上海等 5 个通商口岸渐渐喧闹起来，英、美、法等西方商人、传教士、形形色色的投机者大批涌入，开设商行，占地造屋，划设租界，形成了“天朝上国”之中的“国中之国”。

此时，紫禁城中的道光帝又在干些什么呢？虽说鸦片战争失败了，中国丢尽了脸面，可道光帝在鸦片战争后，却大言不惭地宣称，签订《南京条约》不过是为了笼络未开化的“英夷”的一种手段，天朝本身还是固若

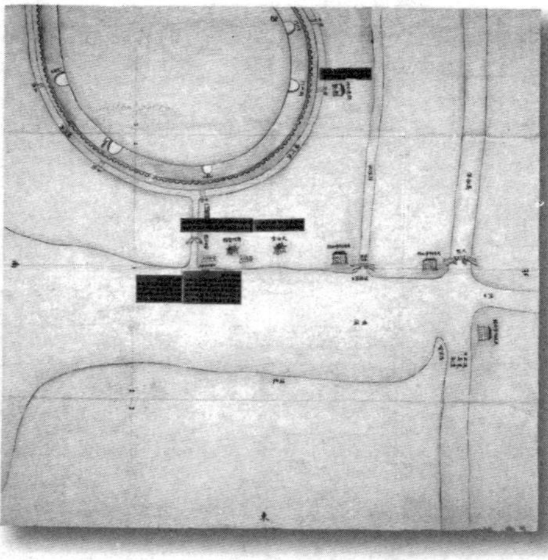

法国私扩上海租界图（1861 年，法国将上海法租界靠近黄浦江的界线向南延伸 650 多米，扩展了将近 130 亩的面积）

金汤的。

但是，一些感觉敏锐的知识分子并不这么认为。鸦片战争暴露了清王朝的隐患，使中华民族第一次处于弱小的位置，他们无论如何也难以接受，更不可能长期接受这样的残酷现实。

他们被鸦片的袅袅青烟熏醒，被弥漫着硝烟的大炮震醒，他们时刻警惕着那些进入中国的、虎视眈眈的西方冒险家们。他们哀痛，他们忧虑，他们在脑海里画出一个大大的问号：中国之外的西方世界到底是什么样

1859 年的上海滩（上海是《南京条约》中五个被迫向西方开放的通商城市之一）

子？那些西方国家为什么能打败中国？

对有着辉煌历史和灿烂文化的国家——中国来说，要承认落后是需要勇气的。但是，“知己知彼，百战不殆”，想改写屈辱，反败为胜，首先要了解自己的对手和敌人。

鸦片战争之后，一些对战争有着切身感受的警醒者开始留心西方的政治、经济、文化和技术。最初，这批人数量并不多，他们当中有像林则徐、徐继畬（yú）这样的封疆大吏，也有像魏源、姚莹这样的中下级官员，还有像梁廷枏（nán，同楠）这样的外事专家。19 世纪

40年代，他们相继编著了《四洲志》《瀛寰志略》《海国图志》《康輶纪行》《海国四说》等研究西方世界的书籍。

可不要以为他们撰写的不过是些介绍西方历史、地理的扫盲读本。要知道，在当时的中国，由于对外部世界的无知，朝野上下都还荒谬地认为，中国是世界的中

历史掌故

清廷说“不”

清朝统治者并非绝对懦弱透顶，完全不敢说“不”。近代史上，清廷有好几次明确表示要同仇敌忾，誓与列强一较长短。例如，1841年道光皇帝曾颁布命令抗击英军，1894年光绪皇帝电谕李鸿章对日“厚集雄师，迅速进剿”，1900年慈禧太后发布上谕决与英俄德法美等11国“一决雌雄”，每次都很慷慨激昂。为什么敢于说“不”且一向不乏忠臣死士的清王朝会一败再败、没有成长？主要原因在于这些掌握着终极权力的统治者，思想核心始终在围绕着爱新觉罗一家一姓的专制权力打转，而不是为中华民族的整体利益设想。这导致了很多划时代的寻路人长期不是无用武之地，就是被压制、被排挤、被牺牲。直到辛亥革命的枪声打响，清末皇帝退位，这种情况才稍稍改观。

心，不在中国疆域内生活的人都是野蛮蒙昧的。而在被“岛夷”小国打败之后，人们这种优越意识中又加入了一些畏惧的成分，这种复杂的感情使人很难冷静下来学习西方。正是因为有林则徐、魏源、徐继畬、姚莹、梁廷枏等这些敢于面对现实探索真知、第一批开眼看世界的人，中国才能及时打开了解世界的大门，才不至于被彻底淘汰。

2. 林则徐放眼世界

1839 年 3 月的某一天，一个身材不高、神情坚定的清朝官员眺望着广州的海面，看着来来往往的船只若有所思，他就是被清政府派到广州查禁鸦片的钦差大臣林则徐。不过，林则徐此行的目的可不仅仅是查禁鸦片，他早就做好了打算，要尽快了解外国的情况，为清政府处理相关事务找到依据。

林则徐 1785 年出生于福州，此时已经 54 岁了。他管理地方事务 10 多年，非常善于思考且恪尽职守。离开北京前，林则徐从翻译馆中选好了翻译人才，并打定主意，一定要积极主动地放眼世界，学习国家亟须的先进知识。

到广州后，林则徐采取各种方法，通过各种渠道来了解相关的情况。他从当地的商人、翻译和教会学生中招募了一些懂外文的人，请他们“四处探听”国外消息。他还找到梁廷枏这位久居广州、对西方事务颇有研究的外事专家，请他帮忙做形势分析。

从1839年春天始，林则徐开始组织人翻译中国澳门、孟买和新加坡的外文报纸，将与中国有关的时事报道和评论摘录翻译出来，分类整理。他组织翻译了英文版《广州日报》，把收集到的各种外国资料编为中文版《澳门新闻纸》，好让国人了解外国的情况。林则徐渴望了解西方知识的态度，给当时在广州的外国人留下了深刻印象，《广州日报》的洋编辑曾称他是“学识长进很快的清朝官员”。

林则徐的主要关注点大致分三类：

其一，外国的军事情报。他组织人编译了有关西方船舰、大炮制作标准和方法的书籍。为训练士兵学会如

林则徐像

何攻击敌舰，他主持购买了一艘旧洋船，作为训练时的攻击目标。他还秘密从中国澳门和新加坡买来西方大炮200门，装备中国的炮台。

其二，外交相关内容，比如英国的商业政策、内阁各部门的详细情况、英国和俄国的关系、英国对中国禁烟的反应，等等。他将梁廷枏在海防书局收集的各国法令和沿海重要边防资料翻译出来，为对外采取行动做准备。为开展外交斗争、了解外国法律制度，他又让人摘译了瑞典人滑达尔所著的《万国公法》，定名为《各国律例》。

第三，西方历史、地理、政治等资料。林则徐让人翻译了英国人慕瑞在1830年出版的《世界地理大全》，再加上自己积累的资料，编辑成一部《四洲志》。

《四洲志》是中国第一本讲述外国的历史、地理、政

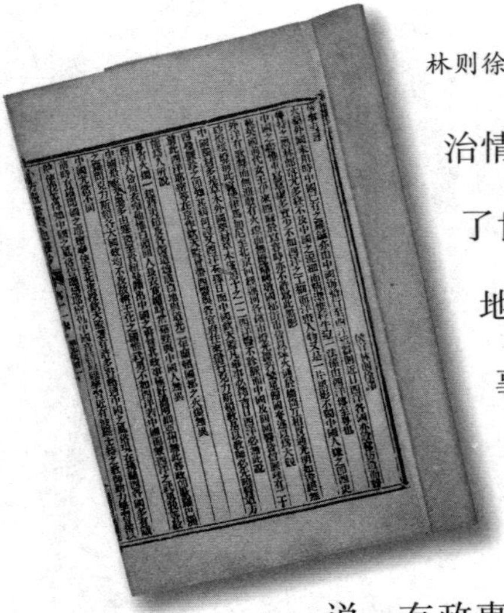

林则徐主持翻译的《华事夷言》

治情况的著作。书中不但介绍了世界四大洲 30 多个国家的地理、历史，收录了近代军事科学、国际法，还涉及议会、民主等内容。《四洲志》介绍英国议会时说，有政事的时候，国王和官民都要到“巴厘满衙门”（也就是议会），大家一起讨论。介绍美国的议会时说，战争、议和这样的大事情，要由议会来商议决定，美国总统四年一任，期满要重新选举。

林则徐这种做法在今天看起来再平常不过，但在当时令人闻之色变。林则徐购买、仿造西方军舰的想法，就遭到了朝廷内外的激烈反对，道光帝甚至在林则徐的奏折上斥责他“一派胡言”。后来，清廷还把鸦片战争的爆发与失败归罪于林则徐，将他先降职，后发配新疆。

今天看来，林则徐在鸦片战争前后放下天朝大吏的架子，以奋不顾身的勇气，推开第一扇眺望外部世界的窗户，不愧为近代中国开眼看世界第一人。在他的影响下，各种介绍西方的书籍竞相涌现，使经过鸦片战争悲风烈雨冲刷后的中国大地，焕发起缕缕希望的生机。

3.“师夷长技以制夷”

有这样一个人，1794 年生于湖南邵阳，一生没当过大官，也没有对内对外的赫赫战功，但在中国近代史上却有着极高的知名度。这个人就是魏源。他编写了一部划时代的巨著——《海国图志》。在这部书中，他提出了“师夷长技以制夷”的主张，开启了近代中国向西方学习的新风气。

在林则徐担任江苏按察使时，魏源的父亲魏邦鲁是林则徐的下属，因此，魏源很早就结识了林则徐。魏源喜欢谈论国家大事，主张学习有用的知识，与林则徐非常谈得来。虽然他比林则徐小 9 岁，却是深为林则徐所信任的好友知音。

1841 年，林则徐在被降职发配新疆伊犁的途中，路过江苏京口，见到了魏源。老友相见，百感交集，竟一

人物故事

魏源画像

魏源与龚自珍

魏源自幼不爱嬉笑打闹，话也不多，只喜欢安静独处。接受启蒙后，他勤奋好学，经常将自己关在书楼上刻苦攻读。魏源的科举之路很不顺畅，但同样不顺畅的还有另一位大才子龚自珍。二人都曾求教于当时的文学家刘逢禄，都热衷探讨现实问题，批评社会弊端，又都于 1826 年参加了会试。这场会试中，龚自珍和魏源的考卷策论精深、知识涉猎广博，深受礼部同考官刘逢禄的赞赏和极力推荐，可二人却仍一同落榜。之所以会这样，主要是因为他们思想激越，不符合以保守著称的主考官大学士曹振镛的胃口。刘逢禄深为这两位杰出人才的落第而感到惋惜，作诗表达了痛惜之情。但他们终究还是看到了时代的需求，后来二人以“龚魏”之名并称于世，成为我国近代启蒙运动中的耀眼双星。

时说不出话来。晚上，他们促膝长谈，深为国家的前途和命运担忧。临别时，林则徐将自己在广州搜集的有关外国情况的资料、主持翻译的《四洲志》手稿和炮船模型、图纸等，全部交给了魏源。他郑重嘱托魏源继续收集资料，编写一部帮助中国人了解世界的著作，以打开国人眼界，挽救民族危亡。

林则徐西行后，魏源立即开始收集、整理资料，经过一年多的努力，终于在1842年12月完成了《海国图志》的第一个版本，共50卷。这部书有57万字，比《四洲志》多5倍，有地图23幅，洋炮图8页。不过，魏源并未满足，他继续增补资料。5年后，这部书扩充到60卷，增加了希腊、丹麦和欧洲总沿革等内容，西洋技艺一章扩展为8卷。

1852年，魏源又将《海国图志》扩编为100卷，共88万字，地图达到75幅，还有西洋器械图式42页，可称为当时中国知识最丰富、内容最完备的世界百科全书。

魏源认为，中国要想强大，就必须学习西方；要学习西方，就要先了解西方。因此，尽管《海国图志》篇幅巨大，内容庞杂，但始终围绕着一个中心思想，那就是“师夷长技以制夷”。

“师”就是要学习、仿效。我们既然落在别人后面了，就应当放下“天朝上国”的架子，老老实实向人家学习。“长技”就是优于中国的西方国家技艺。在魏源看来，这些技艺包括“战舰、火器和养兵练兵之法”三个方面，也就是西方的新式军事装备和军事训练方法。“制”是指抵制西方的侵略。

魏源专门给出了一些对症下药的方子。比如，要在广东虎门的大角、沙角两处，修建一个造船厂和火器局；在军队中推行外国训练士兵的方法，来提高士兵的素质和军队的战斗力；要仿造西方国家的民用产品，例如量天尺（测量光速的仪器）、千里镜（望远镜）、龙尾车（水力灌溉的机械）、火轮机、火轮舟、自来火等；鼓励沿海商人和居民仿照西方设立船厂，自己制造船只。

魏源还提出要注重培养中国的技术人才。比如，聘请外国工程技术人员来中国监督制造，或者选派能工巧匠和精兵，专门让他们学习铸造和驾船攻击的技术。他

魏源编纂的《海国图志》

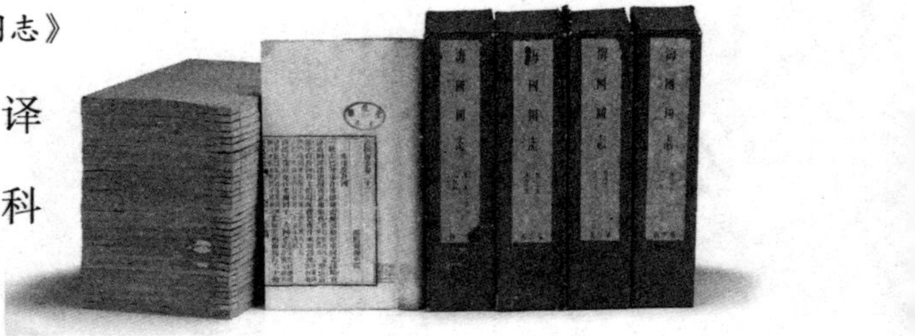

还倡议建立翻译馆，翻译西方科技书籍，并在广东、福建的武科考试中增加“水师”科目，凡是能够建造西方战舰、轮船、飞炮火箭和水雷的人，都可以视为科举考试通过，授给官职。

魏源“师夷长技以制夷”的口号打破了“天朝上国”无所不有、不必求人的虚缈神话，首倡学习西方。令人遗憾的是，他的改革主张遭到了守旧势力的猛烈攻击，《海国图志》仅仅在国内印刷了 1 000 册左右，没能得到广泛传播。

与中国形成鲜明对比的是，当这部书被带入日本后，受到日本朝野热烈欢迎。1854 年，日本政府批准公开发售《海国图志》。之后短短 2 年间，《海国图志》成为日本的畅销书，光翻刻本就有 23 种，价格也狂翻了 3 倍。同样处于内忧外患之中的日本，正是通过这本书对世界大势有了更多了解，进而发起明治维新，最终走向强盛。

4. "东方伽利略"徐继畬

在美国首任总统乔治·华盛顿巨大的方尖纪念碑内壁上，镶嵌有一个长方形小石碑，它是清政府在1853年赠送给美国的。碑上有一段汉字："华盛顿，异人也，起事勇于胜广，割据雄于曹刘，既已提三尺剑，开疆万里，乃不僭位号，不传子孙，而创为推举之法，几于天下为公。"这段充满赞誉的话出自清朝高官徐继畬之手。美国《纽约时报》曾称他为"东方伽利略"，这是为什么呢？徐继畬又为什么要称颂华盛顿呢？

徐继畬1795年生于山西省五台县，他自幼饱读诗书，后来通过科举考试，开始从政生涯。鸦片战争开始时，徐继畬正在福建任职，在与英军作战的过程中，英军舰炮的巨大威力给他留下了深刻印象。鸦片战争后，徐继畬因为有与外国人打交道的经验，被任命为福建巡抚。五口通商后，他所管辖的福建就有厦门和福州两个口岸被迫开放，这种情势迫使徐继畬决心尽可能地了解外国情况。

徐继畬像

在福建任职期间，徐继畬经常向美国传教士雅裨理（David Abeel）请教各国历史、地理知识。此时，他意识到中国正面临着前所未有的大变局，就在工作之余开始撰写《瀛寰志略》，好让中国人了解极其陌生的外部世界。当时，有关国外情况的中文资料很少，为搜集资料，他每见到一个外国人都仔细询问海外情形，反复考证对比，力求准确完备。经过5年时间，徐继畬终于完成了《瀛寰志略》这部展现世界大观的巨著。

1848年，《瀛寰志略》出版，共10卷，约14.5万字，是一部从内容到思想都足以强烈震撼、警醒时人的著作。在《瀛寰志略》中，徐继畬首先比较全面地介绍了地球的概貌和各大洲的基本知识、经纬度的划分等，然后分别介绍亚洲、欧洲、非洲和美洲这四大洲各个国家的地理、历史和现状，还介绍了太平洋、大西洋、印度洋及南极的基本情况。

这部书共收集了 42 幅地图，其中 40 幅都是按照西方地图的原图描摹的。在当时，这可是极其大胆的做法。那些客观如实的世界图景，会无情地摧毁中国人一贯信奉的“中国乃是世界中心”的神话。

在《瀛寰志略》里，徐继畬真实、大胆地介绍了那个被中国人鄙视为“西夷”的世界。气势汹汹越万里侵入中国的英国，并不是中国人认为的离开中国茶叶和大黄就没法生存的国家，而是一个“强且富”的国家。它的首都伦敦有 140 万居民，“殿阁巍峨”“景象繁华”，是西方国家的第一大都会。法国的巴黎也精妙绝伦，城内有大学、图书馆、医院、工艺学院，建筑和艺术也“文采精丽”，很多西方国家的人都到这里来学习。

徐继畬毫不掩饰地说：欧洲人善于思考，擅长制造技术，火器虽然是中国创造的，但经他们仿造后更加精巧，因此欧洲强大绝非偶然。对于视中国为天下文明中

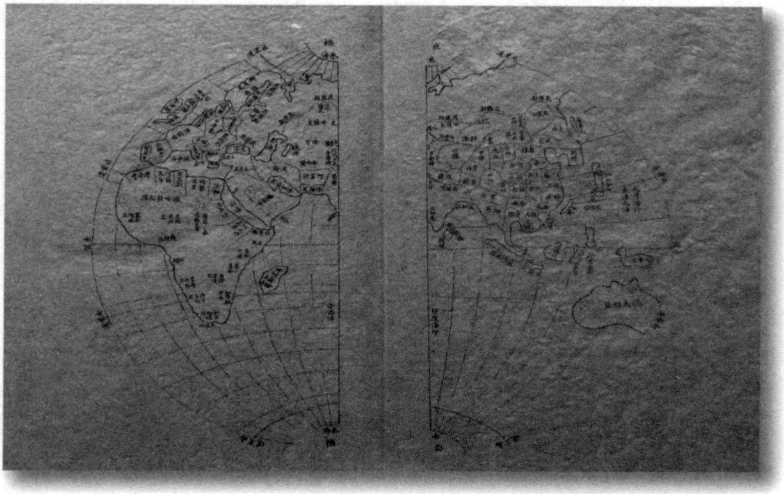

《瀛寰志略》中的地球图

心的中国人来说，这些介绍具有极大的震撼力。

徐继畬在《瀛寰志略》中曾将“推择乡官理事，不立王侯”的瑞士描绘成政治清明、风俗简朴纯良的“桃花源”。他还称赞美国开国总统华盛顿不占据高位，不将总统职位传给子孙，而创立选举制度，真是“异人也”。当时的中国是皇权专制，所有的国土都属于皇帝一家一姓，徐继畬敢这样称赞西方的民主制度，是需要极大勇气的。

《瀛寰志略》一出版，就受到一些关心国家命运的知识分子的关注。魏源在修订《海国图志》时，从这部书中摘取了33处资料。然而，《瀛寰志略》也给徐继畬带来了一段坎坷的命运。

中国在哪儿？在地球上处于什么位置？中国之外的世界是什么样子？这些今天看来不成问题的问题，当时却是非常敏感的“政治问题”。那时的守旧派仍沉迷于“世界中心”“天朝上国”的迷梦中，根本无法接受一个新的“世界观”。结果，在守旧派的诽谤和攻击下，《瀛寰志略》很快被封杀，徐继畬也于1852年被削职。

直到1865年，朝廷里研究西学的风气渐渐打开，洋务运动已成为无法阻挡的潮流时，徐继畬才被召回。他在处理外国事务的总理衙门中工作，那时的他已经近70岁了。1866年，总理衙门批准重新出版《瀛寰志略》。这部书很快风行，成为郭嵩焘、薛福成等大批洋务人士了解西方的入门书。在清政府改革科举、引进西学时，它也是学子们研究西方地理和历史、“开眼看世界”的必备参考书。

5. 梁廷枏介绍西方民主政治

中国的封建统治史极其漫长，这种巨大的惯性使得中国人直到 19 世纪，仍认为一个国家必须由皇帝来统治。历代统治者也会千方百计维护这种专制，百姓敢有非议，动辄满门抄斩。可是，在 19 世纪却有人敢冒着灭门风险，向国人介绍西方国家实行的、没有皇帝却行之有效的政治制度，也就是但凡国家大事大家商量着来的民主制度。这个人就是梁廷枏。

梁廷枏生于 1796 年，是广东顺德人。1835 年，他入职广东海防书局，开始真正接触和了解西方。为编写《广东海防要览》，他细心收集、研究了从顺治十二年到道光时期中外交往的主要事件的相关记录。通过研究世界大势，他注意到英国侵略中国的意图已经越来越明显，因此极力主张加强东南沿海的防务。

1837 年，梁廷枏又承担起编辑《粤海关志》的工作。他大量收集海外旧闻，掌握了很多西方知识，成

梁廷枏像

为当时广东负有盛名的了解外情的名士。就连号称东西方文化交流“拓荒者”的徐继畬在撰写《瀛寰志略》之前，也曾向他请教海外知识3个月。

1839年，风尘仆仆的钦差大臣林则徐到达广州后，首先去找比他小10岁的梁廷枏，咨询广东海防情况和对付洋人的策略。梁廷枏毫无保留地向林则徐陈述了自己的看法，还把自己多年积累的“夷务”资料送给林则徐作参考，从而成为林则徐的知心朋友和得力助手。

在编修《粤海关志》的过程中，梁廷枏感到中国人对西方世界太不了解，逐渐萌生了要撰写西方历史书的念头。1842—1844年，他撰写了《海国四说》14卷。

《海国四说》是《合省国说》《耶稣教难入中国说》《兰仑偶说》《粤道贡国说》4部著作的合称。《合省国说》重点介绍了美国独立的经过和三权分立的政治体制；《耶稣教难入中国说》讲的是基督教的历史；《兰仑偶说》介绍了英国的历史、地理情况；《粤道贡国说》记录了外国通过广州向清政府进贡的历史。

《海国四说》虽然也是介绍西方国家历史、地理、政治和文化情况的书籍，但较之前出版的《四洲志》《海国图志》，更重视考察西方强盛的原因。

魏源的《海国图志》把西方强、中国弱的原因归结于技术优劣，因而提出著名的“师夷长技以制夷”的思想。林则徐在被罚到新疆时还认为中国战败的原因在于船炮比不上外国先进。梁廷枏却提出，没有皇帝但行之有效的政治制度才是西方强盛的根本原因。他在书中重点介绍了侵略中国最严重的英国和当时发展最快的美国，两个国家一个实行议会制，一个实行总统制，恰好是两种西方民主制度的典型代表。

梁廷枏在书中流露出了对美国民主政治重视人民意

愿的赞叹。他称赞美国的政治制度以法律为重，而不是事事都听统领的，这样做能保证国力强盛、政治清明。他还非常欣赏美国的总统制度，说总统的权力要受到监督，总统要宣誓遵纪守法，努力工作，每年要向国会报告工作，受国会的监督，所以历届美国总统都兢兢业业地工作，受到了人民的爱戴。

事实真相

禁烟妙计

林则徐虎门销烟后，鸦片走私现象并未彻底禁绝，这主要是因为一些官员和广东水师收受鸦片贩子的贿赂，欺上瞒下，放纵走私。林则徐和他的智囊梁廷枏想出一计：借考试让考生匿名举报。不久，数百名学生便被召集来参加考试，每份试卷中都夹有一个小纸条，要求考生们匿名举报自己知道的鸦片烟馆所在地及开设者姓名、零售贩烟户姓名、禁绝鸦片的妙计等。林则徐率梁廷枏等人亲自监考，亲自评卷，借此掌握了不少罪证，揪出了不少贪官。遗憾的是，当时大清蛀虫遍地，林则徐既抓不完，也没有相应的权力，战败后还被反咬一口，革职流放。梁廷枏晚年也变得极为保守，成为开眼看世界的先驱中唯一旗帜鲜明反对学习西方的人。

梁廷枏又介绍了英国的银行、保险业的情况，他注意到了蒸汽机和机器大生产可以推动经济发展。他还说，英、法等西方国家以武力到处插手其他国家事务的霸权行为，根本目的在于获取利益。

鸦片战争失败后，梁廷枏为林则徐被诬陷遭到贬职而悲痛叹息。1850 年，他撰写了《夷氛闻记》，详细记述了鸦片战争的全过程，充分肯定了林则徐注意了解敌情、铸炮造舰、巩固炮台建设等行动。他还总结了鸦片战争失败的教训，提醒国人谨记。

在当时，像梁廷枏这样能够看清世界形势，明白中国处境，并为中国担忧的人并不多。他是第一代“开眼看世界”的智者之一，充满了爱国之心和敢于探索西方世界的勇气。他对西方国家侵略活动的记录和分析，揭露了列强通过殖民掠夺而迅速富强、称霸世界的历史事实，加深了人们对列强的认识，激励更多的中国人走向强国御侮的道路。

6. 姚莹与《康輶纪行》

1843年10月初，正当秋高气爽时节，北京城郊的长辛店，却充溢着一股悲凉的气氛。30多个官员、名士，在这里迎接被道光帝革去官职、来北京接受审问的台湾兵备道姚莹。他们的举动，是对姚莹在台湾抗英行动的支持，也是对他被诬陷、革职的同情。

姚莹生于1785年，是安徽桐城人，1808年考中进士，曾在福建、江苏任知县。鸦片战争爆发时，他任台湾兵备道，积极抵抗英国的侵略。然而，战后他却遭到诬陷，被投入北京刑部监狱，后经朝野上下为他辩冤而释放，奉旨发往四川补用。1844年11月，年近60岁的姚莹到达四川成都不久，又被罚去西藏处理呼图克图（活佛）之间的权力纠纷。姚莹要去的地方属于西藏的“康”部，当时是清朝所派驻藏办事大臣的管辖范围，四川派官员前去，就相当于出使。所以，姚莹的这次旅程也被称为“康輶之行”。輶（yóu），指使者专用的轻快的马车。

从 1844 年至 1846 年，姚莹先后两次出使西藏。第一次出使由姚莹带队，于 1845 年 1 月底返回成都。第二次是在 1845 年 4 月，姚莹跟随宁远知府宣瑛出使西藏，直到 1846 年 4 月返回。

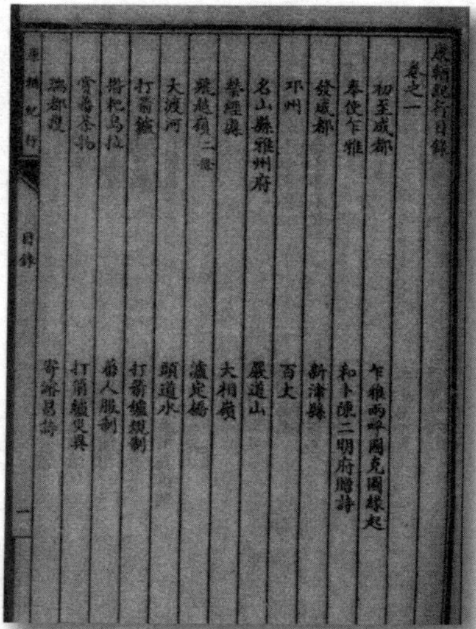
康輶紀行目錄
卷之一
初至成都　乍雅兩呼圖克圖緣起
奉使乍雅　和卜陳二明府贈詩
發成都　新津縣
邛州　百丈
名山縣雅州府　嚴道山
榮經縣　大相嶺
飛越嶺二條　瀘定橋
大渡河　頭道水
打箭鑪　打箭鑪規制
諸杷烏拉　番人服制
賞番茶物　打箭鑪更異
瑞都程　寄裕昆詩

《康輶纪行》目录

这两次西藏之行，往返 1 万多里，历时 1 年 3 个月，途中道路崎岖至极，艰难险阻不断。然而，在这样颠沛流离的生活中，姚莹一直认真记录所到之处的地形地貌和地方风俗，同时特别注意关注西洋各国的情况，于 1846 年写成了记录这次旅程的《康輶纪行》初稿。

1848 年，《康輶纪行》16 卷正式出版。在书中，姚莹详细考订和记载了四川、甘肃、广西、云南、贵州五省的地理情况。他还批评明代自万历年以来，没有人留心外事，不知道讲求策略，一旦边疆发生危机，就全然不知所措，难保不被敌人打败。由此可见，姚莹十分重视地理知识在保卫边疆、巩固边防中的重要作用。

姚莹对世界地理的研究和介绍也值得重视。他在《康輶纪行》中绘制、搜集、校订了《西藏外各国地形图》《新疆西边外国属图》和7幅世界地图，并一一写了介绍。他还感慨说，外国学习天文、数学的人很多，而

历史掌故

抗英名将姚莹

姚莹镇守台湾期间，协同总兵达洪阿，积极率领军民抵抗英国侵略者，战功卓著。1840年夏与1841年夏，英舰两次试图进犯台湾，均未能得逞。1841年9月底，姚莹率军民发炮击伤来犯的英舰“纳尔布达”号，导致该舰在逃跑时触礁破碎，英军纷纷落水，死者数十人，被俘者130余人，缴获新式大炮10门。1842年春，英军又乘3艘军舰来犯，姚莹设下伏兵计，让渔民扮作汉奸，把敌舰引入内河多礁处，使其搁浅，然后猛攻，英军多人阵亡。3个月后，姚莹奉清廷之命处死了两次交战擒获的俘虏共119名，仅留9名军官问供。中英《南京条约》签订后，清政府为应付英国人，把姚莹与达洪阿当作替罪羊，以“妄杀”之罪革职逮捕，不久将姚莹流放四川。

在中国这些学问几乎没人研究。那些不知世界形势、不关心国家大事、不忧虑国家前途的保守思想，应该受到批评。

姚莹还介绍了与中国西藏相邻的各国的地势情形，揭露了英国侵略西藏的野心。他通过了解英国的殖民地孟加拉、东印度等国家和地区的地理、历史及政治情况发现，英国和俄国在争夺中亚和南亚问题上有矛盾，还觉察到英国在占据印度和孟加拉后，企图控制与中国相邻的哲孟雄（锡金地区），要求开通在西藏的商贸，具有进一步侵略中国西藏的野心。后来的事实证明，姚莹的预见非常准确。

《康輶纪行》是以笔记形式写成的，姚莹写它的目的是为了防备外敌，书中饱含了他忧国忧民的感情。姚莹用“喋血饮恨”来形容他写书时的心情，他说：“英、法、美等国对中国的地理和人文非常了解，而中国却没人留心海外的情况，一旦交战，不战即已分胜负。”他搜集各国地图，考证各国情况，就是要使中国人了解海外的情况，找到“制夷”的方法。

第二章

Ⅱ 挡不住的洋务

1. 从“夷务”到“洋务”

魏源等第一批开眼看世界者著书立说的目的，就是启发国人不要盲目自大，全然不关心外部世界，要了解和正确认识“夷务”。所谓“夷务”，就是“对外事务”。为什么清王朝偏偏要用“夷务”来称呼对外事务呢？

这就是“天朝上国”“华夏中心”的自大思想在作怪了。在中国古代，“夷”泛指华夏之外的其他民族，含有没有受到文明教化的意思，这显然是个蔑称。在鸦片战争前，英国就开始反对清朝官员对他们使用“夷”和“夷务”等称谓，不过当时清王朝根本不把这些“夷人”

的抗议当回事儿。

鸦片战争之后，被迫打开国门的清政府再不能忽略这些“夷人”与“夷务”，也不能不考虑他们的要求。1858 年，英国强迫清政府在中英《天津条约》中加入这样的规定：各式公文，无论北京内外，只要提到英国官民，不许用“夷”字。此后，清朝皇帝和官员们便不再像以往那样动辄在公文中和公开场合用“夷”“夷务”来称呼对外事务，而是用“洋务”一词取而代之。

第二次鸦片战争后，英、法、俄、美强迫清政府在天津分别签订了不平等条约，图为签字场景

五口通商后，“洋务”日多，清政府于1861年成立了总理各国事务衙门，专门处理“洋务”，还在北京设立了同文馆，专门为朝廷翻译西方书籍，培养懂洋文、懂洋务的人才。

一些封建官僚认为，中国之所以内忧外患，是因为科学技术、军事力量和教育发展滞后。为挽救王朝统治和增强自卫力量，他们主张引进洋枪洋炮和西方的先进技术，同时学习西学，发展工业，实现“自强”“求富”。这些封建官僚被称作“洋务派”，代表人物在中央有奕䜣、桂良和文祥，在地方有曾国藩、李鸿章、左宗棠和张之洞。

从19世纪60年代到90年代，在洋务派的倡导下，中国开展了翻译西书、建立新式学校、派遣留学生、购买洋枪洋炮、按照“洋法”组织新式军队、学习外洋科学、使用机器、开矿办厂、修造铁路等一系列洋务活动。与洋务活动一同推进的还有“自强”这个观念，一些思想先进的中国士大夫，开始认真研究西方富强的原因，热烈讨论和学习西方科技及社会知识。

从闭关锁国到兴办洋务，这个转变过程反映了清朝“天朝上国”传统观念的破灭和对世界形势的承认，虽是被迫接受，但它毕竟使清王朝从顽固守旧中向前挪动了些脚步，在封建的死水潭里漾起了一圈改革的波澜。

2. 冯桂芬的“抗议”

冯桂芬生于1809年，是江苏吴县人。他早年拜林则徐为师，是林则徐的得意门生，继承了老师的情怀与顾炎武等大儒的思想。在鸦片战争爆发那年，他考中榜眼，后来在翰林院担任编修。冯桂芬为人刚强正直，在京为官期间，他亲眼见到很多官员醉心于升官发财，不思进取，常常写文章揭露他们的腐败，结果得罪了高官，不得不于1859年辞职返乡。

丢了乌纱帽，冯桂芬也很坦然。他先是在家乡继续写文章抨击时政的腐败，后来搬到上海租界居住。在那里，冯桂芬结交了不少外国政治家和商人，学问日增，认识也发生了很大转变。在第二次鸦片战争失败后，冯桂芬再也无法克制强烈的民族义愤，为探索西方国家小而强、中国大而弱的原因，他开始深入研究中国和西方的差距。

1861 年，他写就了被誉为“关系民生国命”的《校邠庐抗议》一书。“校邠庐”是冯桂芬在上海寓所的名称，“抗议”一词不是今天的“反对”的意思，而是位卑言高之意，出自《后汉书·赵壹传》，也就是说他虽然地位低下，但仍要本着天下兴亡匹夫有责的精神，关心、议论国家大事。

《校邠庐抗议》上卷 22 篇，下卷 20 篇，还有 12 篇附录，精心论述了政治、经济、军事、科举、教育和外交等各方面的问题。不过，它的核心思想是要“以中国之伦常名教为原本，辅以诸国富强之术”，简单地说，就是要学习西方的科学技术，并对以伦常名教为根本的中国旧制度做部分修整。

冯桂芬还找出了当时中国 5 处不如西方国家的地方，分别是“人无弃才不如夷”“地无遗利不如夷”“军民不隔不如夷”“名实必符不如夷”，以及最为关键的军事技术方面的“船坚炮利不如夷”。

冯桂芬像

冯桂芬建议“制洋器”以自强。他打算先从洋人手中购买先进武器、船只，然后派人仿造，再自行设计并制造出超过洋人的新式武器和兵船。这样，通过自力更生创办军事工业，就可以改变中国“船坚炮利不如夷”的境况。

他主张通过“采西学”培养有用的人才，来改变“人无弃才不如夷”。他批评中国的科举取士制度禁锢了人们的思想，因此缺乏真正的人才。他主张考试的内容要以经学、史学、散文为主，取消八股文。他还建议在广东、上海设立翻译学校，培养15岁以下的聪慧儿童，让外国人教他们外国语言，学习数学和各种科技课程。对掌握了西方科学技术的中国人，要根据能力高低和贡献大小，或者授给科名，或者委以重任。

“地无遗利不如夷”的情况也是可以改变的。冯桂芬主张在中国发展工商业，比如兴修水利，发展粮食生产，改革生产工具，扩大对外贸易，开展采矿业，与外国竞争并确保中国的权利。

冯桂芬特别重视“名实必符不如夷”的情况。他建议改革官员管理制度，精简机构，惩治贪官污吏，裁减只知浪费军费却不能杀敌的八旗兵、绿营兵。他还说，要使民间的要求和愿望能够上达，百姓有冤可申，有苦可诉，“君民不隔不如夷”的现象就能改变。在冯桂芬看来，中国只要改变这5点，就能“自强”，并“成为世界第一大国”。

《校邠庐抗议》的改革设想让苦于找不到解决中西问题方略的洋务大员们颇为欣赏。刚刚出版时，像曾国藩这样的以谨慎著称的高官还不敢公开向他人推荐这部书，但他也不反对人们传抄，还肯定冯桂芬的主张一定会被中国社会所采纳。李鸿章也称赞《校邠庐抗议》深得“洋务机要”。张之洞后来在《劝学篇》中提出的“中体西用”理论，也取法于冯桂芬的“以中国之伦常名教为原本，辅以诸国富强之术”的改革思想。

《校邠庐抗议》出版后，被翻印了10多次。仅在维新变法呼声迭起的1897—1898年，便由私人及官家书局重印了7次之多。1898年“戊戌变法”期间，光绪帝还曾经让荣禄将此书印1 000本，发给京官参考，作为变法的依据。

3. 容闳与“幼童留美计划”

1863年，在洋务派大员曾国藩的举荐下，一个“洋”学士破天荒地出现在了布满传统士大夫的大清王朝官僚阶梯上。他就是近代中国首位留美毕业生——容闳。

容闳生于1828年，祖籍广东香山（今中山）县，1847年1月跟随美国的传教士布朗赴美求学。他先在孟松学校学习，后来考上了耶鲁大学。1854年，容闳获得耶鲁大学学士学位。留学期间，容闳的视野日益宏大，并为未来的事业确定了目标。他认为，既然自己能够接受这样的文明教育，就要让后来的学子也能享受到同样的好处，要“以西方之学术，灌输于中国，使中国日趋于文明富强之境”，简单来说就是“教育救国”四个字。他决心实现这个梦想，不管前路有多艰难。

1855 年，容闳毅然抛弃了他在美国的大好前程，返回积贫积弱的祖国。回国后，他一边从商，做一些翻译工作，一边结交李善兰、丁日昌等热衷洋务的官员，希

1881 年，留美幼童被提前撤回国。图为他们临行前在美国的合影，此时的他们均身着西式服装，有人还剪去了辫子

望获得机会，用自己在国外学到的知识造福祖国。

1863年，洋务派大员曾国藩得知容闳精通英语和西方科学技术后，三次写信邀请他去安庆工作。正苦于理想无法实现的容闳大喜过望，他迅速处理了手中事务，于9月来到安庆。到安庆后，他接受了曾国藩委托的重任，前往美国购买机器。

1865年，容闳成功将这批机器带回中国。同年，曾国藩支持李鸿章依托这批机器，并整合了其他一些资源，创立了大名鼎鼎的江南制造总局。两年后，容闳又向来江南制造总局视察的曾国藩建议，在制造局里设立一所专门学习机械制造原理的学校。曾国藩很快予以批准，这让容闳非常兴奋，他感到，如果将自己早在耶鲁大学时就酝酿的教育计划提出来，也是有可能实现的。

容闳先是去苏州拜见了江苏巡抚丁日昌，向他提出了派学生出洋留学的计划。丁日昌非常赞同，并要他写出具体方案，好上报朝廷。容闳马上动手写了一份建议书。为了能够获得批准，他策略性地把留学教育计划与组织中国港船公司、开矿产、修铁路、限制教会等建议放在了一起。

这个留学计划因人事变动拖了两年，但在容闳坚持不懈的努力下，终于在 1870 年有了结果。这一年，天津发生了中国民众和外国教会的冲突。容闳借机建议丁日昌和曾国藩，为避免以后再发生这种“外交灾难”，清政府应该尽快推进帮助国人了解外部世界的教育工程。曾国藩和丁日昌认为容闳的分析和建议很有道理，同意联名向清廷会奏。

1870 年冬天，清廷同意派遣留学生的上谕送到了南京。容闳兴奋不已，他写道：“这实在是一个振奋人心的消息，中国的教育工程终于成为一个千真万确的事实，这将在中国两千年历史中，开创一个新的纪元。”

为避免朝中守旧大臣反对留学计划，丁日昌建议让翰林出身的陈兰彬担任监督，容闳作为副监督主持实际工作。随后，容闳和曾国藩、陈兰彬一起商定了有关派遣留学生的几件大事，包括：先在上海设立预备学校，把准备留学的 30 个小学生集中在这个学校补习中文和英文；在美国建立中国留学生事务所，安置和管理中国的

容闳和留美学生合影，从左至右分别为吴其藻、杨昌龄、容闳、吴仰曾

留学生；招生名额确定为 120 名，分 4 批出国，每批 30 人，每年遣送一批；留学生的年龄在 12 ～ 15 岁，留学期限定为 15 年，毕业后回国，由政府委任官职；由正监督陈兰彬负责留学生在国外继续学习中文，副监督容闳负责他们在国外的教育并为他们安排住所。

1871 年夏秋之间，容闳录取了詹天佑、邝荣光、容尚谦等 30 名少年，上海留学预备学堂正式开课了。这年 12 月 28 日，美国《纽约时报》刊发了一则《大清国将向英美派遣留学生》的消息。虽说很简短，但它透露出中国将要开始走向世界的信息。

1872 年夏天，30 名朝气蓬勃的少年由监督陈兰彬率领出发赴美留学，此时容闳已经提前赴美为他们安排好了一切。从这年开始，清政府每年派出 30 人，至 1875 年秋，共派出了 4 批 120 名留学生。这些学生大多家境

事实真相

不拘一格

容闳经历独特，富有传奇色彩，救国理念也不拘一途，与时俱进。除力促“幼童留美计划”外，他还参加过维新变法。慈禧等守旧派发动戊戌政变后，他逃出北京。1900 年，他又在上海加入唐才常主持的“中国国会”，被推为会长，从事反清起义活动，遭到通缉后逃往美国。1910 年，他邀请孙中山赴美商谈，支持革命。此外，他年轻时还曾与“太平天国”领袖洪秀全打过交道。可以说，从太平天国到辛亥革命，每一个影响中国的重要事件中都有他的身影。但正像他的美国老友吐依曲尔牧师在一次演讲中所说，容闳“从头到脚，身上每一根神经纤维都是爱国的。容闳热爱中国、信赖中国、确信中国会有灿烂的前程，配得上它的壮丽的山河和伟大的历史”。容闳 1912 年 4 月 21 日病逝于美国，著有回忆录《西学东渐记》。

贫困，很能吃苦，又勤奋好学，在美国读书期间成绩皆名列前茅。

看着这些中国未来的希望，容闳感到无比欣慰。虽然因为国内守旧势力的阻挠，这些留学生在 1881 年被提前撤回国，但他们当中很多人已掌握了先进的科技知识，成为中国军事、矿业、铁路等领域的栋梁之材。容闳为推动中国留学教育所做的贡献，也时刻铭记在他们心中。

4. 李鸿章：成败皆洋务

李鸿章生于 1823 年，是安徽合肥人，因在镇压太平天国起义时组织地方武装淮军，受到清政府的重用，后来又积极兴办洋务，成为清末赫赫有名的洋务派大员。从 1862 年到 1894 年甲午战争，李鸿章兴办的洋务事业算起来大概有 20 来项，包括军工厂、造船厂和织布厂等，他还支持开矿山、修铁路、建学校、组建海军。

在镇压太平天国起义、与西方军队接触的过程中，李鸿章看到西方武器威力巨大，中国武器远远落后，便

1885 年，李鸿章仿照西洋军事学院创立的天津武备学堂，是中国第一所陆军学堂，图为学生们在上课

开始积极发展军工业，他希望通过“自强”来增加中国对抗西方列强的实力。1862 年，他开始用洋枪洋炮武装淮军，到 1863 年时，淮军已有来复枪 1 万多支，还有不少能发射 26 磅重炮弹的大炮。他高薪聘请外国军官来教士兵怎么使用洋枪洋炮，还让他们按照西式教程操练军队，就连训练的口令都按照音译成中文，比如“前进”就按照英语“forward march”译成“发威马齐”。这在当时，可绝对是大胆的创新。

李鸿章设立和支持的大军事工业主要有三：江南制造总局、金陵机器制造局和天津机器局。他在 1865 年设立的江南制造总局，是清末最大的军工厂，设有洋枪楼、汽炉厂、木工厂、铸铜铁厂、熟铁厂、轮船厂，除制造枪炮、军火、水雷外，还修造轮船、兵舰和简单的机器。这个军工厂还设有翻译局，翻译了不少西方科技书籍。

1865 年，李鸿章还将他兴办的苏州洋炮局从苏州迁到了南京，成立了金陵机器制造局。他支持兴办的天津机器局规模也不小，有铸铁、熟铁、锯木、洋枪、炼钢等厂，主要制造枪炮、子弹、火药、水雷，还辅助修造船舰。有人算了一笔账，这 3 个大兵工厂从创办到 1894 年，共花费了约 2 454 万两白银，占清政府投入近代军工业经费总数约 5 000 万两白银的一半。

到 19 世纪 70 年代，李鸿章发现军事强大远远不够，还得“求富”，即只有兴办民营企业，才能解决军事工业所需的经费等问题。1872 年，李鸿章创办了上海轮船招商局，来经营沿海与内河航运，战时它也承担装载援兵或军火的任务。这个轮船招商局发展很快，到 1893 年已经拥有轮船 26 艘，每年纯收入达 30 万两白银。1878 年，李鸿章还奏设了开平矿务局，到 1894 年时已经可以每天产煤 2 000 吨了。同年，李鸿章创办了中国第一个棉纺织工厂——上海机器织布局。此外，李鸿章还倡办电报与铁路。1880 年他在天津设立了电报总局，1881 年还支持唐廷枢在开平煤矿修建了唐山至胥各庄的铁路。为避免遭到反对，铁路建成之后，李鸿章才正式奏报清廷，并且故意把铁路说成“马路”。

李鸿章在发展军工业与民用工业的同时，也注重培育新型人才。他鼓励兴办水师、武备学校和电报、西医学校，容闳负责的幼童留美活动也得到了他的支持。当然，军事方面李鸿章也一直没有松懈。他组建了一支现代化的海军——北洋舰队。到 1888 年，这支海军已拥有军舰 22 艘，俨然一个很有力量的“庞然大物”。

李鸿章兴办这些洋务事业，既是为了镇压国内人民起义、延续清朝寿命，也是为了缩小中外力量对比差距，抵御西方列强的侵略。但是，李鸿章举办的这些“自强”“求富”的洋务事业，却多数未能如愿。

首先，因为李鸿章兴办军事工业很外行，他曾以重金聘请英国人马格里在金陵机器局督办 10 年，共制造出

7门大炮。但在把大炮运到大沽炮台试放时，两门炮身炸裂，当场炸死士兵7人，其余几门炮也是哑巴，堪称废铁。经追查，马格里不过是英军中一名军医。

江南制造总局问题也挺多：费钱多，成果少，一年只能制造2 000支枪，样式还很陈旧。李鸿章兴办的民用企业，多数是官督商办，让那些不懂经济的官僚来管理工商业，亏损也就在所难免。就连他最为看重的北洋舰队，也在1894年甲午战争中全部覆没了。他本人也曾在甲午战败后哀叹："我办了一辈子的事，练兵也，海军也，都是纸糊的老虎……虚有其表。"

1896年，李鸿章访问德国埃森梅喷射击场，图中坐轮椅者为李鸿章

其次，因为李鸿章虽有志于“自强”，却局限于学习西方的技艺，不知道从根本上学习西方富国强兵的现代体制，搞洋务自然难以成功。李鸿章在很多方面还是个颇有争议的人，不过，就事论事，他的上述洋务活动对打击守旧风气，促进西学在中国传播，还是有一定贡献的。

5.“汉奸”郭嵩焘

1876 年 12 月 2 日晚，中国第一位外交公使郭嵩焘率领副使刘锡鸿等一行 30 多人，从上海冒雨启程，踏上了赴英的漫长旅途。郭嵩焘使团是清政府向西方国家派遣的第一个正式的外交使团，这一年，他已经 59 岁。

清政府之所以派郭嵩焘为外交公使，是因为他素有通洋务之名。郭嵩焘生于 1818 年，是湖南湘阴人，1847 年中进士。1853—1856 年，他作为正在镇压太平天国起义的曾国藩的幕宾，接触了一些西方军事和文化知识。1857 年，他到北京任翰林院编修，因为见识高、有想法，获得了咸丰帝的重用，得以进入皇帝的咨询机关——南书房工作。不过，郭嵩焘的为官之路实在太不顺畅，在南书房待了 1 年，他就因经常批评朝廷弊端而惹恼了咸丰帝，遭到降职。

郭嵩焘到地方后，积极在上海和广州建立了教授外国语言文学的学校——广方言馆和同文馆。随着与洋人打交道越来越多，他开始广泛了解西方知识，渐渐有了通洋务之名。不过好景不长，不到 3 年，性格耿直的郭嵩焘就被人弹劾，他索性称病回家，不再当官。

1875 年，在家待了 8 年的郭嵩焘因大臣文祥的推荐出任福建按察使。上任不久，他就给总理衙门上了一份《条议海防事宜》的奏折，指出西方国家富强的主要原因在政治和教育制度先进，次要原因在商业，中国要想富强，就要从根本上了解西方的长处。郭嵩焘新颖独到的见解在京师引起轩然大波，本来就看他不顺眼的守旧官员们对他更加切齿痛恨。

1875 年 2 月，发生了云南民众打死枪杀中国居民的英国驻华使馆翻译马嘉理事件。为安抚英国，清政府命颇通洋务的郭嵩焘任出使英国的钦差大臣，赴英道歉。郭嵩焘深知，这是个屈辱的使命，而且驻外公使还要生活在国外，更会遭到守旧派的唾骂。然而，抱着要把西方国家的真实情形介绍给国人的目的，他毅然接过了重任。1876 年 12 月，郭嵩焘从上海启程，他每天坚持记下沿途的所见所闻。1877 年 1 月郭嵩焘到达伦敦，随后他把日记整理成册，题名《使西纪程》，邮寄给了总理衙门。

这本真实记录西方世界的日记一到京城，就招来了守旧势力的一致谩骂。在强大的舆论压力下，清政府下令将《使西纪程》毁版。郭嵩焘的日记之所以被守旧人士视作洪水猛兽，必须除之而后快，是因为他在日记中赞扬了西方的文明和强盛。

郭嵩焘认为，西方的政教优于中国。他在伦敦考察时曾多次去议院旁听，发现西方的民主政治与中国的君主专制截然不同。英国凡有大事，都必须交议会讨论，两个政党互相辩论，政府还要接受议员的质问。他对英国社会的新闻自由、舆论制约政府，议会对政府进行干

人物故事

苦闷的先知

郭嵩焘的历史知名度远不如曾国藩、李鸿章、左宗棠和张之洞，但他的历史地位绝不在其中任何一人之下。他是一位先知，而且是清末士大夫阶层中较早向西方寻求真理的人。他曾经开列出“洋务四凶”，包括琦善、耆英、叶名琛、僧格林沁。本来林则徐也是要“上榜”的，之所以把他排除掉，是因为林则徐的人格实在令人钦敬。但说到洋务，郭嵩焘认为林则徐同样不得要领。由于他过于先知先觉，且天性至诚，所以他注定要在那个挫折的时代备受挫折。他不仅在活着的时候被视作“汉奸”，苦闷而又无奈，死后多年仍有人上奏要把他掘棺戮尸。但正像郭嵩焘自己在诗作中所说，他“流传百代千龄后，定识人间有此人”。

预等政治民主十分赞赏。郭嵩焘认为，西方的民主制度比中国的君主专制优越，是因为中国的政治好坏系于君主一人，而西方政治的好坏取决于社会和人民。

郭嵩焘还指出，西方的学校教育制度先进，而中国延续几千年的封建教育不讲求有用的学问，真的是误人不浅。郭嵩焘说，中国闭关自守的局面既然已经被打破，唯一的出路就是奋起直追，改革现有的教育体制，追求实学。

郭嵩焘还大大称赞了西方社会“讲求实际”的风气。他说，这种风气植根于西方的政治教化之中。政治上民主，人们对于国家大事可以畅所欲言；教育方面重实学，学生们就会养成独立思考、解决实际问题的习惯。这样，整个社会就形成了讲求实际的风尚，因而显现出勃勃生机。

郭嵩焘在日记中对西方国家的政治、经济及一切人文景观都含赞扬之意，很不合那些守旧的中国封建文人和官僚们的胃口。当时的名士李慈铭读了《使西纪程》后，曾斥责郭嵩焘故意夸张、粉饰西方国家，还说凡有血气的士大夫读了郭嵩焘的记述，都会恨得咬牙切齿。郭嵩焘的好友王闿运也指责他中了“洋毒”，不可救药。

郭嵩焘“不合时宜”的言论和做派还招致与他一起出使的刘锡鸿的不满，他上奏朝廷，历数郭嵩焘的“罪状”，比如穿洋人的衣服、堂堂天朝的大使却向小小的巴西国王致敬、听音乐会的时候像洋人一样拿节目单，等等。而“天朝”的皇帝和官员们竟然真的认为这些都是不可饶恕的事情，总理衙门还要把他拿办治罪。郭嵩焘无法争辩，只好奏请不再担任公使一职。

1879 年 1 月 31 日，郭嵩焘离开伦敦，返回中国。不过，等待他的仍然只有无尽的谩骂和打击。在他辞职回湖南老家后，当地士绅们张贴布告，说他勾通洋人，乡亲们也因为他坐过火车而把他当汉奸看待。甚至外国人想要在长沙建教堂，人们也迁怒于他，差点烧了他的房子。即使在这样的环境中，郭嵩焘这位坚持向西方学习的思想启蒙者仍然要评议国事，谈论洋务。他坚信：“必取泰西之法而推行之，不能一日缓也。”可惜，他的话在当时没有人想听，也没有人愿意听。

6. 张之洞与“中体西用”

1898 年 7 月，正值清廷内部维新派与顽固派为要不要维新变法争论不休之际，陪伴光绪帝读书的翰林院学士黄绍箕及时为他推荐了湖广总督张之洞在几个月前撰写的《劝学篇》。

这篇4万余字的文章，因为有“激发忠爱，讲求富强，尊朝廷，卫社稷”的良苦用心，很快得到光绪帝和慈禧太后的一致赞赏。光绪帝随即下令，将此书印发各省督抚和学政人手一本，让大家细心研读。

在朝廷大力推广下，《劝学篇》迅速风靡。连洋人都来捧场，美国一家出版社出版了它的英译本，书名居然用的是《中国的唯一希望：最伟大的总督张之洞的诉求》。

《劝学篇》之所以能够得到中外人士的大力吹捧，主要是因为张之洞在书中提出了“中体西用”的思想，这在当时被认为是一个最能“会通中西，权衡新旧”的改革方案。

张之洞的“中体西用”思想并非纸上谈兵，那是他搞了多年洋务的经验积累，他在这个时候提出“中体西用”的理论也是别有用心的。

在《劝学篇》出版前，张之洞已经搞了十几年的洋务。他在1882年担任山西巡抚时，就通过英国传教士李提摩太初步了解了西方技术，并在太原设立了洋务局。调任广东后，张之洞又创办了军事学校、水师学堂，聘请英国人和德国人任教，还着手筹建织布局。

张之洞

张之洞最著名的洋务事业都是1889年调任湖广总督后兴办的。汉阳的湖北枪炮局、汉阳铁厂是他在湖北创办的最有名气的两大军工企业。湖北枪炮局每年可生产枪支5 000支和各种炮150尊，无论数量还是质量，都大大超过了李鸿章的江南制造总局。汉阳铁厂最初因技术和成本等问题，运转不顺，后转给盛宣怀来官督商办。此外，张之洞还创办了湖北织布局、制纱局、缫丝官局、制麻官局等企业。

张之洞认为，西方国家的教育体制和内容也有很多可取之处。他在中国旧式书院中增加了地理、时务、天文、地图等课程，还开办了普通教育、师范教育、职业教育在内的各类新式学堂，让学生学习交涉、农政、工艺、商务等“专门之学”。张之洞还鼓励学生留学，当时由政府出钱留学日本的学生中就属他辖下的两湖地区最多，占全国的1/4。

张之洞在丰富的实践活动中积累了经验，对中学和西学的认识也比曾国藩、李鸿章这些洋务派大员深入。中日甲午战争之后，张之洞还曾经一度支持康有为、梁启超推广西学，创立强学会。但是，当发现维新派所要改变的是中国的政治制度，而慈禧太后和朝廷内的顽固势力对这些维新思想很反感的时候，张之洞决定出版《劝学篇》，全面推出他的“中体西用”改革方案。

在张之洞看来，原封不动地保持“中学”是无效的，全盘拒斥“西学”也是迂腐的，恰当的做法应该是“中学为体，西学为用”。张之洞说，“中学”是指中国的纲常伦纪、圣道和心术，也就是思想意识、道德伦理，这个是绝对不能变的。可以学习的“西学”是西方的法制、

事实真相

“怪人”张之洞

张之洞是个夜猫子，工作、生活黑白颠倒。下级官员白天找他汇报工作，他听着听着就打起了呼噜。晚上却兴奋异常，经常拉着一些幕僚彻夜畅谈。张之洞有才有识，很清高也很大度，爱卖弄也尊重人才。他曾经刁难过成名前的梁启超与孙中山，但见识到二人的才华后，立即以礼相待。“怪杰”辜鸿铭敢于讽刺慈禧太后，他却敢于收留辜鸿铭。张之洞很豪爽，他在武汉办工业 10 年就花了 1 700 万两银子，但又缺乏决策经验，辜鸿铭就曾批评他“滥用公款”。可是他本人生活却很清廉，请客宴会，送礼赏赐，都是用自己的钱，所以常常手头拮据，到了年关还得拿东西去当铺以解燃眉之急。他在武昌任总督期间，全中国的总督衙门再也没有比他的衙门更破旧不堪，或更不讲排场的了。张之洞当官 40 余年，在故里未造一间房，未置一亩地，身后“家无一钱”，真正是晚清腐败官场中难得一见的廉洁清吏。

器械和工艺，也就是从事洋务活动所需要掌握的自然科学、应用技术，通商、外交、军事、国际公法等知识，办教育的经验等，但西方政治制度、哲学思想是不需要也不能学的。

为什么这么说呢？这是因为，学习“中学”可以“治身心”，也就是保持孝悌忠信的美德，维护清王朝的皇权统治。“西学”可以“应世事”，只有学习西方科技文化，才能应对新的世界大势。“中学”和“西学”的关系是“体”和“用”的关系，而“中体西用”的根本思想就是要以“中学”为本位，将作为客体的“西学”的技艺部分与“中学”相结合，从而给“中学”带来新活力。

从文化教育的角度来看，“中体西用”论的确起到了一定的积极作用。历史地看，张之洞的“中体西用”论，相当于在当时极端保守、极端排斥外来文化的大清王朝文化堡垒上打下了一个楔子。

受其影响，清廷允许在洋务学堂中，增加了西学课程，培养了一些有专长、有实际学问和能力的人。但是，到19世纪90年代，洋务派施行的一系列“自强”“求富”活动都没能阻止清王朝走向衰败，社会上倡议政治制度改革的呼声已日益高涨。

张之洞却大力鼓吹“中体西用”，否定学习西方民主政治，反对中国行民权，这就使“中体西用”论成为维护封建纲常名教和传统封建专制体制的保护符。也因此，张之洞和他的“中体西用”论遭到了维新派理论家的猛烈抨击。

1899年，何启、胡礼垣撰文《〈劝学篇〉书后》，斥责《劝学篇》各种议论都是错的，将来定会“祸国殃民”。1907年，同盟会的《民报》甚至斥责张之洞为汉奸，还刊载了将他的头倒置在胯下的讽刺漫画。

第三章

维新探索者

1. 报刊政论家——王韬

1894年，为了给清廷当时最具实权的洋务派大员李鸿章上书倡议改革，一个年轻人从华南老家出发北上，路经上海时，他拜访了一位颇为著名的主张改良的老者。这位老者为他修饰了上书，使那篇文章更容易被人接受，又给李鸿章的一位幕僚写了引荐信。这个怀揣壮志的年轻人，就是后来的革命先行者孙中山，这位热心的老人则是中国近代早期维新思想家王韬。

王韬原名王利宾，1828年出生于苏州。他曾以第一名的成绩考中县学，成为秀才，却对科举考试非常厌倦。

1849 年，王韬接受了英国教会办的墨海书馆负责人麦都思（Walter Henry Medhurst）的聘请，在书馆中当编辑，开始接触西方文化。

王韬在墨海书馆整整工作了 13 年，其间，中国爆发了太平天国起义和第二次鸦片战争。对时局非常关心的王韬曾经给地方当局上书，提出了抵御外侮的策略，但没人理睬。他也曾给太平天国苏州的地方长官刘肇均写信，请他建议忠王李秀成力争长江上游，停攻或缓攻上海。结果这封信被清廷截获，清政府遂以“通贼”的罪名通缉王韬。1862 年，他逃到香港避难，从此改名“王韬”。

1867 年，王韬跟随英国汉学家、香港英华书院院长理雅各（James legge）一起前往苏格兰，除了协助对方翻译中国经典古籍外，还游历了英、法、俄等国。为全面了解西方世界，王韬每到一国必参观该国的博物院、医院、法庭、印刷厂和大学等机构。

他在日记中称赞西方大学学习数学、兵法、天文学、地理、书画、音乐和外语等这些有用的学问，还对欧洲纺织厂的机械化程度大加赞赏。经过 28 个月的实地考察，王韬的思想发生了巨大转变。

1870 年，王韬回到香港，这时他已经 41 岁了。他决定研究世界史地，探讨西方国家强盛的原因，为岌岌可危的中国提供借鉴。王韬的研究取得了丰硕成果，他先后撰写了《法国志略》《普法战纪》《法兰西志》《美利坚志》等书。通过这些著作，他把近代以来西方国家的政治制度和孟德斯鸠、卢梭等人的资产阶级政治学说，完整地介绍到了中国。

1874 年，王韬和曾经留学美国的黄胜一起创办了《循环日报》，1884 年他还在上海《申报》担任主要撰稿人。以这些报刊为阵地，他先后发表了《变法》《变法自强》《洋务》《重民》《尚简》《治中》等数百篇宣传变法改良的文章。王韬认为，要想改变中国落后的现状，就要“以变应变”，也就是向西方学习。不过，他所主张的变革，不是洋务派倡导的只学习“坚船利炮”，而是包括了多方面内容。

王韬是第一个在中国主张推行英国式君主立宪制的人。他在《重民》这篇文章中提出，只有“君民共治，上下相通”，才是最理想的政治制度。

王韬

王韬主张开展独立外交。他认为，在弱肉强食的时代，弱者永远只能为强者所欺凌、所掠夺。他批评清王朝以为与外国签有条约就可以相安无事的错误想法，指出只有国家强盛，才能利用国际公法，开展独立外交。

王韬还认为，中国应该“先富”以“求强”，所以他主张发展工商业，通过筑路、架电线、开矿、造机器、发展民间船运业等方法，让国家富强起来。在军事方面，王韬也不满足于洋务派制造枪炮的政策，主张发展机械制造业和采用西方的练兵之法。

他还呼吁废除八股取士制度，用对社会真正有用的学问取而代之。饱受战败刺激的王韬还指出，当时正是实行变法的大好机会，应该力图振作，只要中国把握好这一时机，依然大有希望。

人物故事

黄胜

黄胜1827年生于广东香山县，1841年前往澳门入读马礼逊学校，他的同学包括容闳、黄宽及唐廷枢。次年，清廷败于英国，签订中英《南京条约》，割让香港岛，黄胜等人随校迁往香港生活。1846年，马礼逊学校校长布朗牧师因身体欠佳，决意辞职返美。在外界赞助下，他希望可以携带数名优秀中国学生去美国深造，容闳、黄胜与黄宽最终成行。然而，黄胜仅在美国待了一年，就因为水土不服，被迫返港。虽说学业未成，但黄胜却因此成为近代中国最早的海归，后来又逐渐成为中国出版印刷事业的先驱。除自办、与王韬合办报纸外，他也曾协助容闳推动幼童留美计划。

1884年，作为研究西方问题的专家，王韬终于获得了洋务大员李鸿章的默许，结束了长达23年的流亡生涯，回到国内。此时他已是一个年近花甲的老人，他决定隐居社会，不再参与政治。然而，1884年中法战争战败的消息又让他寝食难安，他不顾环境险恶，再一次拿起笔，不断发表文章，呼吁改革。他的改革呼声，继续激励人们重视严峻的社会现实，对后来维新派的变法思想也产生了很大影响。

2. 薛福成与“君民共主”

1875年1月，19岁的同治皇帝去世，4岁的小皇帝光绪登基。为了在帝王更替时期稳定政局，12月，慈禧、慈安两位皇太后下旨，让朝廷内外大小官员都提供些建议。很快，山东巡抚丁宝桢便呈上了由直隶知州薛福成写的《应诏陈言疏》。

这份建议书包括《治平六策》和《海防密议十条》，一呈递就引起了朝廷的重视。军机处将它分发给中央各有关部门讨论。其中，由负责办理洋务的总理衙门重点看《海防密议十条》，吏部、户部、礼部、兵部分别讨论《治平六策》。《应诏陈言疏》之所以会受到清廷重视，主要得益于薛福成在帮曾国藩办理洋务过程中，对中国的内政和外交有过实际体悟与深入研究。

薛福成是江苏无锡人，生于1838年。他从小读四书、学八股，写得一手好文章，但科举屡试不中，于是决定研究林则徐、魏源倡导的“经世致用”的学问。1865年，薛福成到洋务派大员曾国藩的门下工作，此后接触并熟悉了各种洋务。利用这次朝廷征求治国方略的时机，他将自己多年总结的经验和研究成果撰写成了建议书。

这些建议中，比较有创新意识的是薛福成关于人才培养和工商政策的见解。他建议，选派有胆识、能雄辩的人才担任出洋使节；选派能工巧匠出洋游历，探求科技奥妙；把中外签订的条约下发到州县，让地方官员学习。薛福成还认为，“求富”是“自强”的基础。他建议保护中国商人的利益，准许他们开采矿藏，官方造船厂可以为私人建造商船。他认为，只有国家保护工商业，才能使国家变得富强。

负责审阅《海防密议十条》的总理衙门认为，薛福成提出的改善外交和选拔洋务人才的建议与南洋、北洋大臣的看法大致相同，应该立即考虑实施。第二年，清廷就正式派遣郭嵩焘、陈兰彬、容闳等为常驻英、美等国使臣。

《应诏陈言疏》使薛福成成为令人瞩目的“洋务新

薛福成

星”。丁宝桢称赞他学问致用，见识广达。郭嵩焘称他“博学”，精通“西洋地势制度”，并推荐他出任公使。洋务大员李鸿章也认定他是个不可多得的办洋务的奇才，立刻礼聘他协助办理洋务。自从1875年进入李鸿章的“北洋”工作后，每遇到国内外发生重大事件，李鸿章都要听听薛福成的意见。在北洋工作期间，薛福成忧心于中国外患不断，感到必须尽快筹划出相应的对策。1879年，他撰写了2万多字的《筹洋刍议》，请李鸿章送达朝廷。

《筹洋刍议》以筹划如何对付外洋侵略为主题，共有《约章》《边防》《邻交》《利器》《商政》《船政》《矿政》《利权》《变法》等14个篇章。他除了主张在平等互利的条件下修改条约，加强边防，还强调要学习西方国家“以工商为先”的富强经验。

1889年，薛福成被朝廷委任为出使英、法、意、比四国的钦差大臣。从踏上赴欧旅程开始，他坚持每天写

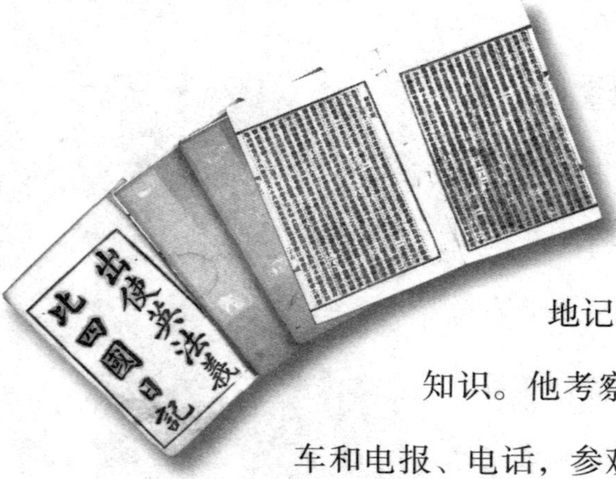

薛福成的著作《出使英法义比四国日记》

日记，一丝不苟地记录所见所闻的任何新知识。他考察了英国的轮船、火车和电报、电话，参观了织纱厂、铸铜机器厂、啤酒厂。中国古代传说中的“千里眼”“顺风耳”在西方国家成为现实，这让薛福成大为赞叹。薛福成还说，欧洲国家之所以强大，是因为他们以商务为根本，是凭借着商业的发展，才实现了富国强兵的。

薛福成在日记中还提到“通民气”，即自由选举、议会制度、言论自由等对治理国家非常重要。他觉得，议院可以帮助君主和人民沟通，下议院的权力可以与上议院相互维持和牵制，上、下议院的权力又可以与君权相互维持和牵制，这样更有利于国家政治清明、稳定。

那么，中国究竟是实行君主制好，还是民主制好？薛福成说：“君民共主”最好。他还把中国历史上的“黄金时代”——夏商周三代，说成是“君民共主”的典范。

身为大清帝国的臣子，却主张改行“君民共主”的政治体制，这时的薛福成在思想上已经开始带有维新变法的色彩了。

1894年，薛福成踏上归国的旅程。回国不久，就因常年操劳病逝。薛福成的思想对后来的维新思想家启发很大。郑观应在加印《盛世危言》时，将《筹洋刍议》很多章节附录在内。梁启超称赞薛福成的《筹洋刍议》和《出使英法义比四国日记》是“佳作”。维新志士谭嗣同更是将他视为“洞彻洋务”的楷模，将他的日记视为了解西学、认识世界的入门书。

3.“洋务通”马建忠

1877年初夏，巴黎各大报纸不约而同地报道了一位中国才子在法兰西学院参加的一场语言学考试。他流利的谈吐、渊博的学识让众考官惊叹不已，在场的数百名法国师生都为他鼓掌喝彩。这位中国才子就是在法国留学的“洋务通”马建忠。他不仅是中国，也是东方各国第一位获得法兰西学院语言学学位的人。

马建忠是江苏丹徒（今镇江）人，1845 年出生在一个信奉天主教的商人家庭，少年时曾在上海的外国教会学校学习。26 岁时，他来到直隶总督李鸿章的门下，协

人物故事

语言学家马建忠

马建忠是杰出的语言学家，他精通英语、法语和拉丁语。这些语言才能的培养得益于他的家庭。马建忠的母亲信奉天主教，他 9 岁时随家人迁居上海，进入了法国传教士办的徐汇公学读书，初步接触到外语和西方新知识，后又赴巴黎留学。不过，他在语言学上最大的贡献不是作为翻译人才，而是为中国人撰写了第一部中国汉语语法书。因为他认为，要使国家富强，必须学习西方的先进科学技术，而要学习先进科学技术，首先必须缩短学习本国文化的过程。他觉得汉文典籍难掌握，如果能像西文那样归纳出语言的结构规律，小孩子学习就能够事半功倍。后来，他运用拉丁语法知识来研究古汉语语法，经过 10 余年时间，在 1898 年写成了中国第一部全面系统的语法专著《马氏文通》。从此，以汉语为母语的中国人开始自觉地、理性地研究汉语语法结构规律。现在，无论学习现代汉语还是古代汉语，都要学习语法，这种学习方法是马建忠开创的。

助办理外国事务。因能力出色、中西学兼通，得到李鸿章的赏识。1876 年，李鸿章借与福建船政大臣选派马尾船厂学生留学的机会，保举马建忠以郎中资格作为随员，到法国学习深造，兼做使馆的翻译。

1880 年，已经获得法国政治学院博士学位的马建忠被清政府授予正四品官衔——道台。李鸿章对他也很器重，4 年后又派他管理上海轮船招商局。然而，学成归国的马建忠已经不再认同洋务派提出的西方只有军事和制造方面强于中国的说辞，而是认为西方国家在政治、经济各方面都比中国进步得多。

1890 年，马建忠调任上海织布局总办。这一时期，他写下了具有时代色彩的《富民说》，明确提出“治国以富强为先，而求强以致富为先”的观点。在他看来，求富的源泉，第一是通商，其次是开矿。他说：中国沦为列强的原料产地和商品市场，造成中国白银大量外流，导致国家贫穷。中国想要富裕，就要多出口，少进口。而开矿则有利于减少能源进口，为中国积聚财富。他还建议清政府争回关税自主权，允许商人兴办新式工商业，加强中国产品对外竞争的力量。在他看来，国家只有先富足了才能强大，而国家富足的基础是人民富足。

然而，马建忠“富民”主张与李鸿章的“洋务”政策有矛盾，加上一些人对他的工作加以诽谤，他不得以辞去了上海织布局总办之职，回家从事著书和翻译工作。不过，马建忠仍时刻关心国家的前途和命运，也经常应李鸿章的要求协助他办理洋务。1894 年，中国在甲午战争中战败，马建忠还撰写了《拟设翻译书院议》，建议清政府创立翻译书院，培养精通外文的专门翻译人才。然而，这个建议就如同他的“富民”主张一样，也没有得到清政府和李鸿章等洋务派大员的重视。

此后，对清政府极度失望的马建忠将全部精力用于修改和整理出版著作。1896 年，马建忠把过去所写的文章、上奏的建议书、书信等收集起来，经过修订和充实，汇编为《适可斋记言记行》一书出版。维新思想家梁启超为马建忠的书作了序。他说：马建忠的文章说明了“富强之原”，说了洋务派不敢说的话，今后治理中国的人一定能用得上他的主张。梁启超还感叹，如果清王

马建忠的著作《适可斋记言记行》

適可齋記言記行序
中國之爲人弱其效極於今日而其根伏於數十年以前
西人以兵弱我者一以商弱我者百中國武備不修見弱
之道一文學不興見弱之道百西人之如來也非必欲得
地也滅國也通商而已通商萬國之所同也客邦之利五
而主國之利十未或以爲害也害懸在中國人士處闇室
坐井昔不知外事又披散衛要若欲彌一日之患而拯
於千歲之毒彼族蔡是敵相待之道曰欺曰脅而我之遐
彼也如蒙聊與奕秋博無著不謬無子不死一誤再誤以
訖於今嗚呼不可謂國有人矣啟超自十七歲頗有怫於
中外強弱之迹顧鄉處實學因積篤雨朔求所謂彙集之

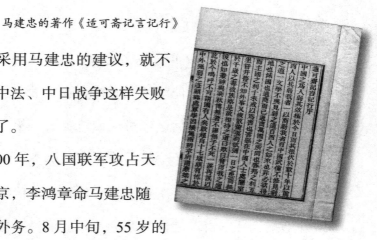

朝早点采用马建忠的建议，就不会出现中法、中日战争这样失败的结局了。

1900年，八国联军攻占天津、北京，李鸿章命马建忠随行办理外务。8月中旬，55岁的马建忠因连夜赶译沙俄的一份7 000余字电报，过度疲劳，突然爆发热病，两天后去世。

4. 郑观应与《盛世危言》

1894年春，一部名为《盛世危言》的著作刚刚问世，就在中国知识界以至清朝政府内引起了强烈震动。后来，江苏布政使邓华熙将这部书推荐给了光绪皇帝。光绪十分欣赏它，破天荒地下令印刷2 000册，分发各部院大臣好好阅读。之后，前来求书者络绎不绝，作者本人印刷的500册书很快被求索一空。这部广受欢迎的著作的作者就是郑观应。

郑观应生于1842年，本名官应，是广东香山（今中山）县人。少年时，他就到上海投奔叔父学习经商。郑观应聪明好学，两年后已经可以浏览英文书报。他工作也很努力，很快积累了一笔数目可观的资本。掌握英文使郑观应获得了一把了解西方世界的钥匙。他经常阅读中外书报，凡是有关治国兴邦的道理、议论时务得失的文章，他总是反复研读，随手摘录。就是在朋友聚会、举杯畅饮的时候，他也会侧耳倾听那些探讨国家盛衰的言论，事后再及时笔录下来。

通过广泛地听取时人的议论，认真比较中外政治制度，并联系自己的体会，1873年，郑观应写成了《救时揭要》一书。在这部书中，他揭露了外国侵略者贩卖华工的罪恶勾当，还建议清政府在海外设立中国领事馆，保护华侨利益。

1880年，郑观应又编辑成《易言》一书，他分别从开矿、铁路、电报、机器、船政、水师、练兵等方面提出种种改革措施，指出为了战胜外国入侵者，必须学习和掌握西方的长处。

他甚至还暗示，中国应该改封建专制制度为君主共和议会制，也就是君主立宪制。

1894 年，郑观应出版了他最具影响力的著作——《盛世危言》。这部书充满了富强救国的主张。他敏锐地指出，随着各国商业的发展，亚洲各国肯定会成为列强眼中的肥肉，中国如果不变法自强，就要继续受欺侮。他认为，外国的武力入侵易于察觉，而商品倾销却使中国在无形中衰败。因此，中国“习兵战不如习商战”，“商战”重于“兵战”。为振兴民族工商业，郑观应积极建议朝廷设置商部，地方设南、北商务局，由地方官吏组织商人和有社会地位的人参与管理。他还提出了开办银行、提

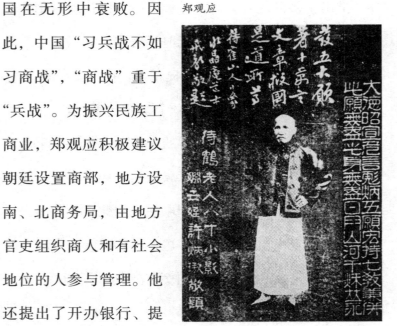

郑观应

高进口关税和减轻国内商业税收等建议。

政治不改良，实业就没法兴盛，这是郑观应在《盛世危言》中提出的又一重要思想。鉴于封建专制体制对商业发展阻碍太大，他大胆地提出了在中国实行议院制的要求。他气愤地责备那些守旧者说，日本、英国实行君主立宪都取得了明显成效，中国为什么不可以设议员？难道到了今天，还不迫切地需要内政改革吗？这种尖锐的提问，在中日甲午战争前是非常有震撼力的。

推出《盛世危言》后，郑观应一如既往地时刻关心着时局发展。他又阅读了各类时论著作，如冯桂芬、薛福成及一些西方传教士——李提摩太、花之安等的著述，还翻阅了大量日本出版的有关维新思想的著作。

1895 年秋，他又将 5 卷本的《盛世危言》修订成 14 卷本出版，增补了如何发展民族工商业和巩固边防等方面的内容。1900 年 8 月，八国联军入侵北京，慈禧太后带着光绪帝仓皇出逃至西安。这一中华民族的奇耻大辱使郑观应无比激愤，他第三次修订了《盛世危言》，增写了《自强论》等内容。

《盛世危言》出版后引起了中国社会的广泛关注，因皇帝极力推荐，各省也相继翻刻了20多万册。郑观应提出的“商战”主张、“君民共主”思想，以及发展教育、培养人才、解放妇女等建议，把中国近代学习西方的思潮推向了一个新高度。

近代中国几位名气很大的人物，如康有为、梁启

历史掌故

郑观应与世博会

郑观应是目前已知的中国最早的提出申办世博会主张的人。他在《盛世危言》中明确地提出了举办世博会的主张，并且提出了具体地点——上海。为什么要在上海举办呢？因为上海是“中西总汇，江海要冲”。就连相关经费的筹集、招商、辟地等具体问题及解决办法，他也一一考虑到了。他在书中分别介绍了伦敦世博会、巴黎世博会、维也纳世博会、费城世博会、东京世博会，并详细介绍了当年（1893年）在美国芝加哥举办的世博会。他认为，世博会利国利民，是“救中国之贫”的四大策略之一。遗憾的是，举办世博会向来以一个国家的昌盛国力为基础，而在当时的中国，它只能是萦绕在郑观应心头却永不会实现的幻梦。

超、孙中山的变法和革命理论，都曾受到这部书的启发，连新中国的核心缔造者毛泽东也曾一度迷上这本书。毛泽东曾在 1936 年向美国作家斯诺介绍，他 13 岁离开小学堂之后，在深夜里把自己屋子里的窗户遮起来，“好使父亲看不见灯光”，偷偷看完了这本书，正是《盛世危言》唤醒了他重新读书、开拓眼界的愿望。

5. 新政双璧：何启、胡礼垣

《新政真诠》是 1902 年出版的一部讨论当时中国应该如何改革的政论文集，它的作者是何启和胡礼垣。何启是广东南海人，1859 年生于香港，1872 年留学英国，曾在林肯法律学院学习，1882 年回到香港担任律师，1887 年创办了香港雅丽氏医院，并附设西医书院。孙

何启和胡礼垣的著作《新政真诠》

中山就是在这个西医书院读书时，与他结识并受到他的改革思想启发。胡礼垣是广东三水人，1847 出生在一个商人家庭，是何启早年在香港读书的同学。

《新政真诠》由《曾论书后》《新政论议》《新政始基》《康说书后》和《新政安行》《〈劝学篇〉书后》《新政变通》《前总序》和《后总序》9 篇文章组成，这些文章大都是先由何启用英文写成，然后由胡礼垣翻译成中文，并加以解释和评论。

何启在 1887 年夏天发表的《曾论书后》，是为了回应曾国藩的儿子曾纪泽撰写的《中国先睡后醒论》。在这篇文章中，曾纪泽把买战舰、筑炮台、防御外敌当作中国已经觉醒了。何启批评了这一认识，他说："中国科举制不能造就人才，炮台、战舰不能保卫中国的疆土，法律不能约束外国人，国家不强大不能保护属国，也不能拥有自主权，这些都说明中国仍在昏睡中。"

《新政论议》发表在中日《马关条约》签订之前。那时，中国战败已成定局，割地赔款在所难免。面对如此险恶处境，何启、胡礼垣忧心如焚，他们提出优选人才、高薪防腐、废除买官制、创办学校、提倡文学和“行选举”“开议院”等一系列主张。

1898 年，适值康有为、梁启超变法维新运动蓬勃发展之际，何启和胡礼垣发表了《新政始基》。他们在文中提出，除了改革官制、废除科举、兴办学校、开设议院外，还要发展工商业；并指出，要发展工商业，首先必须改变原来洋务派那种官督商办的经营方式，要允许商民自办企业。

同年，何启、胡礼垣还发表了《康说书后》。他们虽然赞同康有为开民智的想法，但不同意他仍用“经义”作为录取人才的标准。他们认为，这样就相当于没有废除八股，中国也就没有了振兴的希望。

在维新变法遭到血腥镇压后，他们发表了变法理论文章《新政安行》，公开为维新派辩护。他们谴责顽固派的屠杀行为，理直气壮地宣称：“新政”是救中国的良药。在当时险恶的政治局势下，这是需要极大勇气的。

1899 年，他们出版了《〈劝学篇〉书后》，重点批评了洋务派大员张之洞所宣扬的忠君、维护纲常名教，反对“兴民权”“设议院”的错误言论。他们说，“君权得之于民”，如果君主不称职，就不能代表人民，人民就有权废黜君主，收回赋予他的权力。他们还说，西方富强的根本就在于此。

何启

后来，何启、胡礼垣又增补了《前总序》《新政变通》《后总序》3 篇文章，继续总结“开民智”“兴民权”的思想，还将 9 篇文章汇编成论文集，命名为《新政真诠》。在他们看来，“新政”是压倒一切的当务之急。他们说，新政对于中国，就像过河的船和桨、大旱时的云和雨、饥渴时的食物和水一样，是每个人都希望、也都一定要得到的东西。同时他们指出，清政府闭关自守，不思改革，就没法使中国保持独立自主。

IV 第四章

末世寻路人

1. 清末《时局图》

1898 年，香港爱国志士谢缵泰创作了一幅政治漫画——《时局图》，形象生动地展现了当时的中国被列强瓜分、宰割的现状，画面两侧还分别写有“不言而喻”“一目了然”八个大字，寓示列强瓜分中国的阴谋已昭然若揭，时不我待。

在这张涵盖当时中国及周边邻国领土的地图上，一些禽兽豺狼正划分着势力范围。图中的黑熊代表俄国，它正在践踏着中国北部领土，恶爪伸向山西、陕西、辽东和直隶，眼睛还紧盯着中国的南部；老虎代表英国，

《时局图》

它张牙舞爪，猛扑在长江流域，尾巴则搭到威海卫，霸占着中国的大江南北；一只肚子鼓鼓的蛤蟆代表法国，它占据了越南，右前爪抓着中国的海南，左前肢攀住了云南和广西；肥肠代表德国，它缠绕着山东省；而像一只恶蜘蛛般的太阳国日本则喷吐出一条黑线，紧紧地捆住中国的台湾，还伸向辽东、山西、直隶等地；在海上，更有一只硕大无比的美国饿鹰，飞越大洋，伸出它的利爪巨喙，急不可耐地从菲律宾向中国扑来。图的下部还有一些没有在中国抢到地盘的列强，它们正蠢蠢欲动。

这张《时局图》形象地向人们展示了 20 世纪末西方

列强在中国瓜分、竞争的局面。这种形势的由来，还得从日本打败大清国的那场耻辱的战争说起。

1894年，清政府在中日甲午战争中战败，被迫签订《马关条约》，割让台湾与辽东半岛，赔款2亿两白银，还给予日本在中国设工厂、投资的权利。条约的签订，强烈地刺激了外国列强的侵略野心，在他们看来，中国不再是一个大国，而是一个奄奄一息的“远东病夫”。他们纷纷赶来瓜分这个“病夫”的财产，还互相排挤，以便使自己抢获更多。一时间，从南到北，从东到西，从陆地到海洋，宰割中国的狂潮席卷而来。

先是1895年，俄、德、法三国要求日本将辽东半岛归还中国，迫使日本让清政府以3 000万两白银的代价暂时“赎回”辽东半岛，然后又以还辽有功等借口开始在中国夺取租借地，划分势力范围。1897年，德国首先在《时局图》上涂下了罪恶的一笔，它强行租借胶州湾99年，将整个山东划为德国的势力范围。

随后，俄国人接踵而至，他们硬把中东铁路从西伯利亚修到了中国东北，还把舰队开进旅顺港，强行租占旅顺和大连25年，把中国东北划入了自己的势力范围。法国也不示弱，它强行租借广州湾，租期99年，还让清政府保证不将海南岛、云南、广东、广西让给其他国家。

英国和日本抢得的地盘也不少。1898年，英国强逼清政府签订《展拓香港界址专约》，强租九龙半岛上后来称作“新界”的地面和附近港湾，租期99年。英国还强划长江流域为它的势力范围，强迫清政府签署《订租威海卫专条》，将山东威海卫从日本人的怀抱夺到手中，租期25年。日本虽然失去了辽东半岛，但它割占了台湾，而且得寸进尺，以福建省接近台湾为理由，强行划作自己的势力范围。

美国因忙于和西班牙争夺菲律宾的战争，姗姗来迟，但它又怎么可能甘心做一个袖手旁观者呢？1899年，它狡猾地提出了“门户开放”政策，表示承认其他国家在中国划定的势力范围和特权，但同时要求各国开放它们在中国的势力范围，使美国享有均等的贸易机会。这个政策，一下子就让所有的列强结成了宰割中国的同盟，使中国成为它们共享的“美食”。

1899 年 9 月，美国提出“门户开放”政策，要求各国保证他国在其“利益范围”内得到“平等待遇”，图为反映这一政策的漫画

短短几年间，辽阔的中国领土遭受到这些列强的肢解、瓜分。中国的重要港口，遍插外国旗帜，内河大江上，航行着外国的军舰；所有的铁路干线都被外国势力控制；这些列强还通过借款给中国，索取高额利息，抢夺中国的矿权。

《时局图》让一些爱国知识分子忧心如焚。康有为、梁启超、严复、谭嗣同等维新变法者站了出来，无情地抨击封建社会的黑暗，大胆地直接批评清朝统治者，希望通过一场疾风迅雷般的社会变革，来唤醒沉睡的神州大地。虽然他们没能打破那个封建的专制体制，却启蒙了更多的有志之士走上探索民族富强的道路。

越来越多的人将这幅《时局图》铭刻在心中，也有些人继续通过绘制“时局图”，时刻提醒着国人注意列强的侵略野心。1903 年 4 月 8 日，蔡元培等人还将另一幅《时局图》刊登在《俄事警闻》的创刊号上。他说：“因为这一张图，我们中国人知道的虽然不少，还有一大半是不知道的，所以特地登在第一天警闻上头，请我们四万万的中国人都开着眼看看，扪着心想想，恐怕不知不觉要赶紧去想法子了。”革命家邹容也曾为《时局图》赋诗一首：“沉沉酣睡我中华，哪知爱国即爱家。国民知醒宜今醒，莫待土分裂似瓜。”

2.“天演先生”严复

19 世纪末 20 世纪初，严复翻译的《天演论》在中国知识界引起了很大轰动。通过这部书，严复系统地将西方社会政治学说介绍到了中国，毛泽东曾赞扬他是在中国共产党诞生前，向西方寻求真理的主要代表人物。

严复生于 1854 年，是福建侯官（今福州）人。14 岁那年，他考入福州船政局附设的船政学堂，学习轮船驾

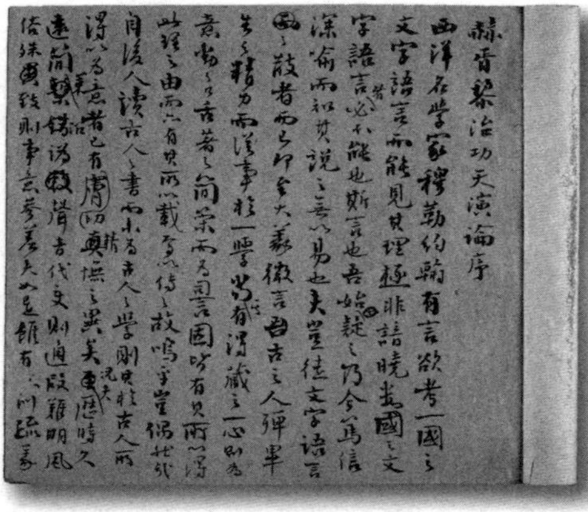
赫胥黎治功天演論序

《天演论》手稿

驶，1877年被派往英国海军院校留学深造。在英国，严复没有满足于单纯地学习海军知识，而是开始努力钻研，积极探索英国社会进步的秘密。他利用课余时间，大量阅读西方政治学术著作，比如亚当·斯密、卢梭、孟德斯鸠、达尔文、赫胥黎等人的著作。他还经常走出校门，实地考察英国的社会状况，有时甚至到法院去，一坐就是几个小时，聚精会神地听取案件审理的全过程。1879年回国时，他已经对西方社会有了比较全面的了解。

严复回国后，先在母校福州船政学堂教书，后被李鸿章调到北洋水师学堂担任教务长，又升任校长。他时时担忧着国家的命运和前途。1895年，严复在天津的《直报》上接连发表了《论世变之亟》《原强》《辟韩》和《救亡决论》等文章，倡议变法维新。

他在《论世变之亟》中说，国与国之间的往来是不可抗拒的规律，中国的顽固派以为只要闭关锁国，把中国与外国隔绝开来，就可以太平无事，这是非常无知、可笑的。只有向西方学习，实行变法，才能挽救民族危亡。

在《原强》中，他提出了“鼓民力”“开民智”“新民德”的救国方案。“鼓民力”就是要提高人民的体力和健康水平；“开民智”讲的是要废除八股文，讲西学，开发民智；“新民德”是指更新人们的道德观念，用西方资产阶级的自由、平等、民主来替代中国封建社会的宗法制度和伦理道德。

严复还在《辟韩》中批评唐代文人韩愈，说他只知道有皇帝一人，而不知道有亿万百姓。他根据法国启蒙思想家的“天赋人权”思想指出，国家是人民的“公产”，因此只有人民才是“天下之真主”。这一年，严复在《直报》发表的最后一篇文章是《救亡决论》。他说，中国八股取士的考试制度束缚了人民的智慧发展，败坏了人民的思想品质，增加了游手好闲的人。因此，如果中国不变法，就必然灭亡。如果变法，则没有比废除八股更急迫的了。

但是，中国的守旧势力太强大了，怎样才能让国人明白改革是不可抑制的潮流呢？严复决定从翻译西方的理论著作开始。从 1895 年到 1911 年，严复一共翻译了 8 部世界名著，包括《法意》《名学浅学》《社会通诠》《群已权界论》《穆勒名学》《天演论》等，差不多把当时西方资产阶级的整套理论都介绍了过来。其中，最重要的是他在戊戌维新的关键时刻出版的《天演论》。

严复翻译的是英国生物学家赫胥黎论述达尔文“进化论”的论文集《进化论与伦理学及其他》中的前两篇。因为严复从“进化论”中找到了“物竞天择，适者生存”“天演竞争，优胜劣败”等核心思想，所以他将译著命名为《天演论》。他要用这一思想促使国人猛醒，变法自强。

严复介绍的“天演”思想首先在知识分子间引起了轰动，还没等《天演论》出版，他的译稿就已经在维新人士中传抄开了。谭嗣同在看完译稿后，马上向朋友推

事实真相

多面严复

严复与梁廷枏一样，都属于在晚年革新思想发生较大转变的寻路人。辛亥革命后，他一度依附袁世凯，卷入洪宪复辟。此外，在文化上他也主张读经，反对白话文，不赞成五四运动和学生干预国政。再加上他晚年染上鸦片烟瘾，凡此种种，都使他为时人和后世所诟病。当然，人无完人，从大历史的角度来看，作为近代中国的启蒙大师，严复自有其永远屹立的历史地位。

荐说这篇文章“好极”了。梁启超读完译稿后，立即在自己的文章中引用并宣传进化论思想。1898年，《天演论》正式出版，一时间“天演”“淘汰”“物竞”“社会进化”等词语成了报纸文章的热门话题，严复也因此有了“天演先生”的名号。

“天演”的思想为什么在近代中国影响如此巨大呢？主要是因为它为中国的变革提供了重要的理论依据。当时中国正面对一个强大、先进、充满侵略性的文明的挑战，但其自身的变革却极其缓慢，还遭到顽固守旧者的强烈反对。

据此，严复通过《天演论》向中国社会输入了“天演”“进化”的思想。他说，世界上万物发展的规律都是生存竞争，优胜劣败，只有能够适应环境的强者才能够生存下来，而弱小的就衰亡和被淘汰。他把生物进化的观点运用到了人类社会中去，他说：“外国之所以侵略我们，就因为他们是‘优者’，中国是‘劣者’。中国如不赶快变法，再不强大起来，就要永远沦为西方国家的奴隶，就会亡国灭种，惨遭淘汰！”

今天看来，严复当时把达尔文的生物进化论延伸到人类社会领域是错误的，西方列强恰恰是依托这一思路来瓜分中国的。但是，《天演论》针对当时中国的现实，向中国人民敲起了亡国灭种的警钟，它为呼吁中国人民学习西方、变法图强、摆脱“优胜劣败”的亡国厄运提供了理论依据。

《天演论》也开拓了人们的眼界，激发了全国人民的爱国热情。许多学校都把严复的译作选作教材或命题作文，对学生进行启蒙教育。

3. 康有为与“戊戌变法”

1895年4月，北京宣武门外大街达智桥松竹庵内人声鼎沸，18个省的应试举人正在这里集会，请求清廷拒签屈辱的《马关条约》。

集会由广东来的举人康有为主持。他满腔悲愤地分析了这个条约所带来的危害，说得声音嘶哑，情到痛处，放声大哭。在场的举子们受他感染，群情激愤，一致决议联名向皇帝上书，请求不要缔结这个丧权辱国的条约。大家公推康有为起草上奏书，他只用一天两夜时间，便写就了18 000余字的“上皇帝书”。

他向清政府提出了3条请求：拒和、迁都西安和练兵、变法以自救。然而，由于一些朝臣的阻拦，这封上奏书没能送到光绪皇帝手中，但这次史称“公车上书”的大规模爱国知识分子的请愿活动，轰动了北京城。“上皇帝书”的内容被人们广为传诵，并于一个月后在上海

康有为

出版发行。康有为因此成为名闻天下的变法精英。

其实，这已不是康有为第一次为变法图强给皇帝上书了。早在1888年，康有为到北京考举人时，就曾写下一封5 000余字的“上皇帝书”，提出了改变现有旧法、使民情可以上达和慎重选择大臣3条改革主张。但是，他的举动遭到守旧官僚阻挠，不但上书没能送到皇帝手中，连他本来考中的举人也给取消了。

1891年，康有为在广东开办了“万木草堂”，一边教书，一边培养变法人才。为提出一套变法的理论，康有为打起了孔子的旗号，他先后写出《新学伪经考》和《孔子改制考》两部著作。

他在《新学伪经考》指出，那些看似神圣不可侵犯的古文经典不是孔子的原著，是东汉时刘歆为帮王莽篡位而伪造出来的。他利用《孔子改制考》编造了一套孔子托古改制的理论，说孔子就是为了改革社会政治制度才删诗著史编纂经书的。

这样一来，康有为搞变法就成了按孔子的主张办事。其间，他还写了《人类公理》，即后来刊行的《大同书》初稿。在书中，他提出要消灭人类社会中的各种黑暗和不合理现象，创建一个没有私产、没有阶级、没有家族、没有邦国、没有帝王、人人相亲平等的“至善至美”的“大同世界”。

经过7年的变法理论研究和知识积累后，在1895年“公车上书”时，康有为提出了“练兵强天下之势，变法成天下之治”的变革主张。这次“公车上书”虽未成功，但康有为考中了进士，被安排在工部任职，有了给皇帝提建

康有为撰写的《新学伪经考》和《孔子改制考》

议的机会。

为了推进变法，康有为在北京创办了《万国公报》（后来改称《中外纪闻》），介绍西方各国的政治、经济、文化等情况。他还在北京和上海设立“强学会”，提倡西学，宣传变法。起初，他们的宣传很有影响力，连张之洞这样的洋务派大官都加入了“强学会”，支持他向西方学习的主张。

1897 年，德国出兵强占了山东胶州湾。面对危难的政局，光绪帝终于下定了改革的决心，老师翁同龢则适时向他推荐了康有为。

次年 1 月，光绪帝先命总理衙门召见康有为，询问他对变法的想法，后来又让他将变法主张呈奏。1 月 29 日，康有为的《应诏统筹全局折》送到了光绪帝手中。

他在奏折中说，当今的中国“变则能全，不变则亡；全变则强，小变则亡”；他建议向日本学习，全面维新，在宫中开设制度局，吸收维新派人士参加，大家一起谋划变法。光绪帝颇为赞同。

1898年4月，康有为又在北京组织了“保国会”，号召大家各尽聪明才智，奋起保国救国，开学会，讲授传播救亡的道理。

光绪帝在颁布“明定国是”诏书、宣布变法维新5天后，于1898年6月16日在颐和园勤政殿召见了康有

事实真相

晚年康有为

康有为早年倡导维新运动、领导戊戌变法，代表和体现了历史前进的方向，为推动中国社会进步发挥了积极作用，值得肯定。但他晚年尊孔复古，且与袁世凯同流合污，站到了历史潮流的对面，成为社会前进的阻力，毫无疑问是其人生的污点。正是因为康有为与袁世凯的合作，充当民国初年帝制复辟运动的精神领袖，才导致康有为与梁启超这对莫逆师徒反目，分道扬镳。梁启超曾不无嘲讽地说，他的老师康有为已经由一个历史巨人蜕变为一个历史侏儒了。到1922年，康有为原配夫人张氏在上海逝世。梁启超亲往吊丧，两人才冰释前嫌，和好如初。不过，康有为晚年性情也很豁达。他虽然坚持保皇，但当他的学生在笔记中痛斥君主制过失时，康有为看后也不以为意，还在批语中赞文章典雅，议论恢宏。此种胸襟气度也非常人可比了。

为，商议改革大计。随后，光绪帝先后颁布诏书、谕旨达200多道，其中康有为以自己名义上奏和代他人起草的奏折就将近50件，内容涉及政治、经济、文化教育和军事各个方面。宣布变法的这一年是农历戊戌年，因此人们称之为“戊戌变法”。

但是，维新派高涨的爱国热潮和激烈的变法主张引发了守旧派的恐慌。9月21日，慈禧太后发动宫廷政变，囚禁光绪皇帝，宣布通缉康有为等维新派，再次垂帘听政。在政变前，光绪皇帝已经预感到形势危急，遂下诏让康有为去上海办官报避祸，使他得以逃过一劫。

戊戌变法失败后，康有为被迫流亡海外。他先是到了日本，后又到了加拿大、英国等地，继续写文章、办报刊，揭露顽固守旧势力的愚昧。虽然康有为后半生一直坚持保皇，没有看清封建帝制才是制约中国社会进步的主要原因，但他敢于冒着生命危险，以满腔的爱国热忱和宏伟的理想，推动戊戌维新运动，因此仍被大家看作为中华崛起而奋斗的英雄，得到很多爱国民众的尊崇和礼遇。

4. 维新旗手梁启超

梁启超生于1873年，是广东新会人。他聪慧多才，11岁中秀才，16岁中举人。他曾经沾沾自喜，觉得自己有些成就。可是，当他在17岁时来到康有为开办的“万木草堂”时，立刻就被康有为的维新主张吸引住了。

康有为告诉他，中国这几百年教授的都是些没用的学问，并向他讲述了西方历史、学术的大概情况。这对梁启超犹如当头棒喝，他马上决定舍弃旧学，拜康有为做老师，学习维新变法的思想。

此后，梁启超热衷于讨论天下大事，并和其他同学一起帮康有为编写《新学伪经考》和《孔子改制考》，还和康有为一起思考如何推动国内变法。

1893年，梁启超和韩文举一起到广东东莞讲学，宣传康有为的今文经学，还有人类公理、国家思想等这些新观念，向人们解释维新变法的必要性。1895年，梁启超和康有为一起组织了“公车上书”，还在康有为撰写

“上皇帝书”的时候，不分昼夜地为他誊写草稿。

之后，他继续留在北京协助康有为成立“强学会”，还负责《万国公报》(后来改称《中外纪闻》)的宣传和编辑工作。在“强学会”遭清政府封杀后，梁启超前往上海，和黄遵宪、汪康年一起筹办《时务报》，还担任主笔。在1年多的时间里，他先后在《时务报》发表了59篇文章，逐渐成长为一名出色的维新理论宣传家。

梁启超在《时务报》上发表的极具影响的文章是《变法通议》，这篇文章一直连续刊载了43期才告一段落。在文中，梁启超警告清政府，变是不以人的意志为转移的客观规律，如果抗拒这个规律，应该变的时候不变，必遭列强瓜分。他还说，变法不能再重弹洋务派“富国强兵”的老调，不能只引进一些西方技术，变法的关键是改变科举制度和封建官僚制度。他认为，虽然目前中国百姓的知识水平和觉悟层次还不高，不能够立刻设立议院，但是从进化的历史观来看，从君权向民权过渡，是人类社会的发展规律，中国也不能例外。

梁启超的论文内容新颖，文字流畅，富有说服力，

人物故事

梁启超的“趣味主义”

梁启超曾经说过：“我生平对于自己所做的事，总是做得津津有味，而且兴致淋漓，什么悲观咧、厌世咧，这种字面，在我所用的字典里头可以说完全没有。”他在《学问之趣味》中说：“我是个主张趣味主义的人，倘若用化学化分‘梁启超’这件东西，把里头所含一种原素名叫‘趣味’的抽出来，只怕所剩下只有个零了。我认为，凡人必须常常生活于趣味中，生活才有价值。若哭丧着脸，捱过几十年，那么，生命便成为沙漠，要来何用？”“我觉得天下万事万物都有趣味，我只嫌二十四点钟不能扩充到四十八点，不够我享用。”“我忙什么？忙的是我的趣味。我以为这便是人生最合理的生活。”他的这种对工作、学习和生活的态度，对今天的我们具有重要启迪意义。

受到知识分子和部分清朝官僚的喜爱。《时务报》的销售量很快就超过了1万份。随着《时务报》在社会上广泛流传，梁启超也渐渐成为当时著名的变法人才。人们说到康有为时，总是要一并提到梁启超，将他们合称为

“康梁”。

1898 年，梁启超风尘仆仆地来到北京，准备协助康有为推动变法大业。他一边发动上书，为变法维新大造声势，一边辅助康有为成立“保国会”，还四处宣讲变法理论。经过整整一个春天紧锣密鼓的宣传和组织，到初夏时节，梁启超和康有为终于迎来了他们梦寐以求的日子。6 月 11 日，光绪帝发布诏书，宣布实行变法。7 月，光绪帝发布上谕，赏梁启超六品卿衔，让他专门负责译书局事务。梁启超全身心地投入到译书局的工作中，拟定译书局章程 10 条，还准备设立编译学堂。

然而，正当康、梁等维新志士在光绪帝的支持下大力推行新政时，慈禧太后发动的政变使这场政治运动顷刻间夭折。梁启超逃到了日本避难。

流亡日本后，梁启超创办了《清议报》，继续宣传民权理论，介绍各种西方资产阶级政治理论和社会学说，批判封建制度。为激发人们的爱国热情，他撰写了著名的《少年中国说》。“少年智则国智，少年富则国富，少年强则国强，少年独立则国独立，少年自由则国自由，少年进步则国进步……”梁启超用热情洋溢的语言，呼吁中国年轻的一代奋起挽救国家危亡，努力创造一个青春活泼的少年中国。

5. 谭嗣同引刀成快

1898 年 9 月 28 日，北京菜市口周围戒备森严。下午 4 点多，6 名“犯人”被押至监斩台前。当刽子手举起屠刀准备行刑时，一个 30 岁出头的“犯人”高声吟道:“有心杀贼，无力回天，死得其所，快哉快哉！”说罢，从容就义。这个慷慨赴难的人，就是中国近代杰出的维新志士谭嗣同。

谭嗣同于 1865 年出生于湖南浏阳一个官宦人家，从小接受传统教育。1894 年清政府甲午战败后，谭嗣同深受刺激，终于领悟到中国只有变革，只有顺应世界的潮流，才能救亡图存，从此开始批判旧学，提倡新学。

1896 年，谭嗣同辗转来到南京，他本想结交当地知名人士，办报兴学，却没人理睬他。后来，他到上海等处游历，认识了严复、梁启超等维新人士，与他们交流了变法维新的想法。梁启超非常欣赏谭嗣同，称赞他是“才识明达，魄力绝伦，所见未有其比”的人才，并把他推荐给了自己的老师康有为。

1897年，谭嗣同出版了他的第一部维新理论著作——《仁学》。他在给同乡唐才常的信中说，撰写《仁学》是为了开辟一种“冲决网罗”的学问。他要通过哲学上的分析和解释，来解释变法的理论，证明数千年的封建君主专制制度不合理。

谭嗣同认为，由于现实社会“网罗重重”，有种种“不通”，导致社会贫穷衰弱。这些“不通”是因为君主专制、宗法制度、封建礼教、宗教迷信、腐朽的文化、旧的社会习俗等造成的，这些“网罗”使人与人之间有了等级和隔阂。他号召人们行动起来，“冲决网罗”，打破这些束缚人们思想自由的专制制度和习俗，建立人人平等的“仁”的社会。

然而，现实世界的腐朽、黑暗使谭嗣同没有充分的条件实行改革，于是他决定先踏踏实实地做一番开导风

谭嗣同

气的基础事业。他在上海试办“农学会”，与梁启超、康广仁等人一起设立了“不缠足会”，规定入会成员所生的女孩子不能缠足。他还在南京创立了“金陵测量会”，在浏阳兴办“算学会”，并支持湖南兴办采矿业。

1898年年初，谭嗣同应湖南巡抚陈宝箴邀请，在湖南协助举办新政。他请梁启超到湖南时务学堂任中文总教习，在教学中加强了自然科学的内容，还大力宣传变法革新理论。1898年3月，谭嗣同与唐才常一起创办了维新团体“南学会”。“南学会”的机关报是《湘报》，谭嗣同自任主笔，写了10多篇倡导改革的文章，还开辟专栏，吸引读者讨论西方各国强盛的原因、新兴科学技术的种类、振兴商务、办学堂等发人深思的问题。

在谭嗣同的不懈努力下，湖南的改革风气打开了局面，成为当时全国最富有朝气的省份，涌现出一批献身维新事业的知识分子。

光绪帝宣布变法后，谭嗣同北上来到北京。1898 年 9 月 5 日，皇帝召见了他，还授给他四品卿衔，让他参与新政。从此，谭嗣同在军机处要地办公，审阅奏章，草拟谕旨，为推行新政出谋划策。

慈禧太后发动政变、到处搜捕维新志士时，谭嗣同本来有机会脱险，但他决心用自己的鲜血唤醒民众，不肯逃避。9 月 28 日，谭嗣同、林旭、刘光第、杨深秀、杨锐、康广仁 6 位维新志士在未经任何审讯的情况下，被清政府在北京菜市口杀害。

谭嗣同被害时年仅 33 岁。他自始至终没有畏惧过，还在狱中写下了“我自横刀向天笑，去留肝胆两昆仑”的豪迈诗句。志士的鲜血激发了人们维新的决心，《清议报》上登载了这样的话：“败不忧，成不喜，复维新，誓不止。”还有一些原来推崇维新变法的知识分子，看清了清政府封建专制的腐朽本质，走上了革命的道路。